F. V. D.

LE

VÉNÉRABLE MICHEL GARICOÏTS

SÉANCE LITTÉRAIRE

Offerte le 22 Juillet 1899

PAR LES ÉLÈVES DU COLLÈGE DE BÉTHARRAM

à Sa Grandeur Mgr JAUFFRET

ÉVÊQUE DE BAYONNE

En Souvenir du Triduum Solennel des 7, 8 et 9 Juillet

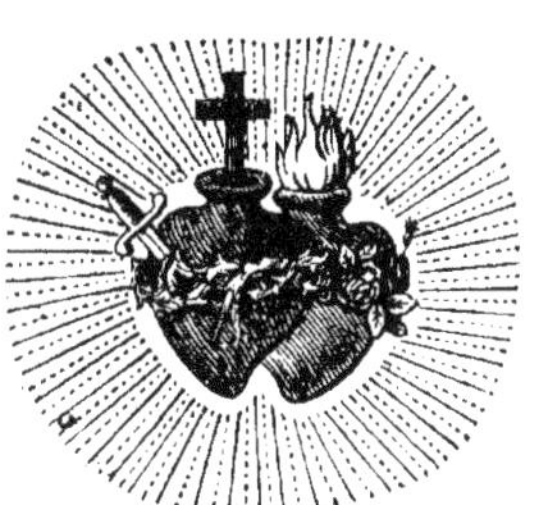

Gloria filiorum patres eorum.
(Prov. XVII, 6).

PAU
Imprimerie Catholique, 11, rue de la Préfecture
G. LESCHER-MOUTOUÉ, IMPRIMEUR

1900

Aux Élèves de Bétharram

MES ENFANTS,

Tandis que vous voyez avec mélancolie s'enfuir les derniers jours de vos vacances, à Bétharram, où vous vivrez bientôt encore dix nouveaux mois, on pense toujours aux chers absents.

Vous souvient-il du 22 Juillet et de vos grands camarades, qui parlèrent de Notre-Dame et du Vénérable P. Garicoïts, avec tant de pénétration et d'affection filiale, que des larmes, de douces larmes baignèrent bien des paupières et remplirent les cœurs d'une émotion profonde et pure ?

Est-ce pour cela que des personnes du monde et des membres éminents du clergé m'ont vivement sollicité plusieurs fois de livrer à l'impression la séance littéraire, qu'acteurs et musiciens firent si bien valoir ? Je ne sais. Quoi qu'il en soit, j'ai résisté deux mois à toutes les instances pour des raisons très bonnes ; mais hélas ! sur mon chemin s'est rencontrée la pierre d'achoppement, et cette pierre, mes enfants, c'est vous.

Quand on m'a dit que la publication de ce modeste travail serait pour vous un souvenir du 15 Mai, où le Souverain Pontife déposa sur le front de notre Fondateur la couronne de Vénérable ; un souvenir aussi des grandes fêtes des 7, 8 et 9 Juillet, où nous avons tous admiré, avec l'éclat d'une parole toujours sûre d'elle-même, l'inépuisable bonté de notre Evêque, et son dévouement sans bornes ; quand on m'a dit que ce serait vous rendre heureux que de mettre à la portée de tous les épisodes rappelés de la vie du Vénérable, et les pages où nous parlions de Bétharram à l'époque la plus désolante de notre Histoire nationale, et pendant laquelle Michel Garicoïts naissait dans le hameau d'Ibarre ; alors, et malgré moi, j'ai vu s'évanouir toutes mes résistances, et j'ai consenti pour vous, mes enfants, mais pour vous seuls, à publier ces feuilles éparses, destinées à disparaître.

En outre, vous aurez le plaisir de retrouver ici quelques fragments de ces compositions musicales, vraiment inspirées, que vous chantiez avec un remarquable entrain et une piété touchante. Elles sont sorties du cœur d'un Père qui, tout jeune, avait appris du Vénérable à se donner aux âmes, — et vous savez s'il a été fidèle, — tout en demandant à Mozart et à Beethoven les secrets de l'harmonie. Nous lui dérobons tout à l'heure quelques uns de ses trésors ; plus tard, espérons-le, nous en aurons encore d'autres, parce que vous les méritez.

Et maintenant que ces pages vont passer dans vos mains, lisez-les en souvenir des jours qui ne reviendront plus, et gardez-les par amour pour la divine Mère, dont le tendre regard protège votre enfance et votre jeunesse ; par amour pour celui qui, du haut du Calvaire et du Ciel, étend sa main pour vous bénir, comme il bénissait jadis vos aînés. Peut-être y trouverez-vous un aliment pour votre piété ; peut-être y entendrez-vous une voix qui vous parlera de la beauté des cœurs purs, de la puissance d'une âme maîtresse d'elle-même, de la grandeur du sacrifice et de l'amour de la Croix.

M. V. Lacq, S. C. J.

Bétharram, le 1er Octobre 1899, en la Fête du T. S. Rosaire.

SÉANCE LITTÉRAIRE

Offerte à S. G. Monseigneur JAUFFRET, Evêque de Bayonne

LE VÉNÉRABLE MICHEL GARICOÏTS

1. *A Monseigneur Jauffret* (chant de masse).
2. *Dédicace* .... dit par M. Devert.

I.

3. *Bétharram à la naissance de Michel Garicoïts* (Etude historique).
   - I. Les Prêtres. .... dit par MM. Lanusse.
   - II. Les Terres............. — Camborde.
   - III. La Chapelle........... — Garros.
   - IV. Le Calvaire........... — Puyoo.
4. Romance (sans paroles)..... de Mendelssohn.
5. Romance (sans paroles)..... de Mendelssohn.

II.

6. *Le Berceau d'Ibarre* (Poésie)........ M. Devert.
7. *Les Soupirs du jeune Pâtre* ou *l'attente de la 1re Communion* (Drame religieux en 1 acte).

   Personnages :
   - *Michel Garicoïts*..... MM. J. Servage.
   - *Anghelu*............. A. Deussaus.
   - *L'Abbé Barbaste*..... A. Brun.

8. *Les Vœux du Nouveau Prêtre* (grand chœur).
9. *Le Vénérable :* Son Portrait — dit par MM. Lanusse, Puyoo.
10. *La devise du Vénérable :* En avant !. Devert.
11. *Un festin royal* ou l'arrivée du P. Chirou.......................... Devert.
12. *Marche militaire* (Harmonium, Violon, Piano)...................... Schubert.
13. *La nature au Collège* (Méditation religieuse) .... Devert.
14. *Marche d'Enckausen* à 4 mains et violon ....
15. *Buenos-Ayres*, ou les adieux à la Patrie Devert.
16. *Les Adieux du Vénérable* et du P. Guimon.......................
17. *La devise du Vénérable :* Me voici ! (Gd Chœur).....................
18. *La Mort du Juste*..................
19. *Le Triomphe* (Grand Chœur et soli).

DÉDICACE

A Monseigneur Jauffret

MONSEIGNEUR,

Il y a quinze jours à peine, Votre Grandeur venait à Bétharram célébrer avec toutes les splendeurs des cérémonies de l'Eglise, un Triduum solennel, en l'honneur du Vénérable Père Garicoïts, Fondateur de la Congrégation et du Collège.

Ce Triduum couronnait magnifiquement votre tournée pastorale annuelle, si laborieuse, mais si consolante. A l'accueil enthousiaste que vous ont fait partout nos populations chrétiennes, vous avez pu juger et du bien que vous leur faites, et de la joie que vous leur apportez au milieu des rudes travaux des champs, et du profond respect qu'elles ont pour votre auguste personne. C'est leur manière à elles de vous remercier et de vous récompenser de vos fatigues.

Et c'est aussi, Monseigneur, notre manière à nous. Sans doute si nous aimons en vous le Pontife, qui glorifie Dieu sur l'autel du sacrifice; le Pasteur, qui donne ses soins, ses veilles, sa santé à l'immense troupeau dont il a la garde ; le Docteur qui répand sur les âmes la chaude et vivifiante lumière de l'Evangile ; néanmoins, parce que nous sommes des jeunes gens et des enfants, nous aimons, avant tout, en vous le Père, le père de famille toujours impatiemment attendu, comme s'il nous venait encore pour la première fois.

Aussi, quand tout à l'heure on annonçait votre présence, notre joie était grande, intense, notre impatience elle-même quelque peu bruyante, comme l'est ordinairement celle des écoliers ; et nos mains, trahissant nos sentiments intimes, frappaient l'air comme d'instinct avec une vigoureuse ardeur.

Vous avez donc magnifiquement couronné votre tournée pastorale. Ces trois beaux jours feront époque dans l'histoire de Notre-Dame et du diocèse, et fermeront glorieusement pour nous ce XIXe siècle, qui, à son aurore, ne trouvait à Bétharram que des ruines, à *Ibarre* qu'un petit enfant, né sur le penchant de la montagne, et destiné, selon les prévisions humaines, à garder les troupeaux de son père.

Mais durant sa course plus souvent tourmentée que paisible, il a vu Bétharram subir des transformations remarquables, et l'enfant d'*Ibarre*, marchant sous l'œil de Dieu, devenir la lumière de son pays, la consolation de son Evêque, et le salut de beaucoup d'âmes. A son déclin, en nous donnant un beau sourire, signe d'éternel adieu, mais aussi de très-douce espérance, il laisse le sanctuaire plus fréquenté que jamais ; le diocèse, gouverné par un vaillant Evêque, dans une prospérité que la malice des hommes n'a pu même diminuer ; les fils du P. Garicoïts répandus sous divers cieux, et l'Eglise enfin occupée à tresser une riche couronne, et à la placer sur la tête de son fidèle serviteur.

Quelle page vous avez ajoutée vous-même, Monseigneur, à l'Histoire de *Bétharram*, si belle pourtant dans sa première restauration sous *Hubert Charpentier*, si lumineuse dans sa seconde, sous le bon M. *Lassalle* et le *P. Garicoïts!* Mais rien n'égale dans le passé ce que nous voyons à cette heure. Le Procès canonique, heureusement mené à bonne fin par Votre Grandeur, est le premier, croyons-nous, qui se soit déroulé dans notre pays selon les règles si sévères, mais si sages de l'Eglise Romaine ; et c'est vous, Monseigneur, qui, après avoir travaillé à cette œuvre avec tant de dévouement, avez l'immense joie d'en recueillir les premiers fruits !

Cette pensée nous reporte vers un temps, où nos anciens souhaitaient au T. R. P. Etchécopar, dans une circonstance mémorable, de voir le grand jour du triomphe de son Père spirituel. Ils lui promettaient d'aller chanter avec lui sur le plateau du Calvaire le *Te Deum* d'actions de grâces. Le grand jour, nous l'avons vu ; le *Te Deum*, nous l'avons chanté, et avec quelle allégresse !.... Mais celui dont l'âme aurait éclaté en de magnifiques accents de reconnaissance envers Dieu, manquait au rendez-vous de la terre, plus heureux de jouir des triomphes du Ciel.

Mais son Evêque, qui était, pour sa foi comme pour la nôtre, Dieu rendu visible dans le diocèse, se montrait au milieu de ses fils, glorifiant, le premier, le Seigneur du bienfait qu'il vient d'accorder au pays.

En retour de votre affection paternelle, nous osons, Monseigneur, vous offrir une séance, bien différente certes de celles que nous avons coutume de vous présenter à la fin de chaque année scolaire.

Celle-ci sera tout entière consacrée à notre *Vénérable* bien-aimé. Elle ne le chantera pas comme Votre Grandeur le faisait dernièrement avec tant de force, de chaleur et d'onction ; mais ce sera pourtant avec tout notre cœur, et, comme vous, dans les limites où la Ste Eglise le permet et le désire.

Nous avons aussi pensé qu'une courte étude sur *Bétharram*, à l'époque où naquit le Fondateur, serait aussi juste qu'intéressante et peu connue. Ainsi l'on verra les progrès accomplis depuis cent ans.

Nous ne doutons pas, Monseigneur, que le sujet dont nous nous occupons, ne soit supérieur à nos forces ; mais dédaignant, pour une fois, le précepte d'Horace :

Sumite materiam vestram, qui scribitis, aequam
Viribus, et versate diu quid ferre recusent,
Quid valeant humeri...... (Art. poét. v. 38-40)

nous nous sommes confiés à la piété filiale, sûrs que la Providence viendrait au secours des jeunes audacieux, dont le seul but, Monseigneur, est de vous rendre hommage en glorifiant un saint.

Puissions-nous réjouir un instant votre cœur paternel ! Puissions-nous nous exciter nous-mêmes à aimer davantage et à imiter celui dont nous allons parler !

Daignez agréer, Monseigneur, les modestes résultats de nos efforts ; nous vous les offrons comme un gage de la vénération profonde qu'a pour vous la maison de *Bétharram*.

PREMIÈRE PARTIE

Bétharram à la naissance de Michel Garicoïts (1)

I. — LES CHAPELAINS

L'étranger qui, à l'ouverture des Etats-Généraux de 1789, serait venu à Bétharram accomplir son pieux pèlerinage, n'aurait plus rien retrouvé au printemps de 1797, des choses dont, la première

(1) Nous ne citerons pas dans cette étude sommaire chacune de nos références. Les documents qui la composent, disons-le une fois pour toutes, ont été tirés des Archives départementales, de celles de Lestelle et de Montaut, et de quelques papiers personnels. Est-il besoin d'ajouter que nous en avons retrouvé un certain nombre, que nous en avons connu d'autres dans *Bétharram et le Mont Valérien* de notre excellent ami, M. l'abbé Dubarat, le travailleur infatigable dont les recherches historiques ne sauraient être trop louées ?

fois, il eût été frappé. L'âme en deuil et les yeux en larmes, il eut dit alors avec le poète :

> Déplorable Sion, qu'as-tu fait de ta gloire ?
> Tout l'univers admirait ta splendeur ;
> Tu n'es plus que poussière, et de cette grandeur
> Il ne nous reste plus que la triste mémoire.

Sans doute, tout l'univers n'admirait pas la gloire relative de Bétharram, mais le Béarn, la Bigorre et les pays d'alentour venaient avec joie s'abriter quelques heures à l'ombre du sanctuaire, qui s'était jadis relevé de ses cendres, et retombait maintenant dans une autre ruine plus déplorable que la première.

Jadis et maintenant !.. Quel contraste ! Jadis, si le soleil se levait plus brillant sur le clocher de la chapelle, et portait de toutes parts je ne sais quoi de radieux, maintenant, il n'éclairait plus que les plaintes du gave et le silence de mort planant sur la maison de Dieu, comme sur celle de ses serviteurs, les Chapelains dévoués.

Oh ! jadis ! C'était l'illustre *Geoffroy* amenant ici cinq mille hommes, et faisant retentir, à côté des protestants effarés, l'hymne de la délivrance. — C'était *Léonard de Trappes*, le grand archevêque d'Auch, venant en procession de l'abbaye de St Pé, par le chemin qui longe le collége, et plantant au sommet de la montagne une croix, merveilleuse origine de notre Calvaire. — C'était *Jean de Salettes*, évêque de Lescar, relevant le pèlerinage, et fondant la Société des Chapelains, pour le service de Marie et le salut des âmes.

Jadis, c'était surtout *Hubert Charpentier*, le digne prédécesseur du très-cher *Vénérable*, que nous voulons chanter aujourd'hui. A sa voix, les ruines se relèvent, l'église actuelle s'élance dans les airs, le Calvaire commence à paraître, et les louanges du Seigneur retentissent dans ces lieux, où l'évêque *Arnaud de Maytie* avait entendu la voix des Anges.

Hubert mourut avec la réputation d'un saint, mais son œuvre ne cessa pas de grandir et de se parfaire. Avec les *Béquel*, les de *Luppé*, les *Bastide*, les *Casaux*, les *Rey*, les *Baratnau*, elle finit par arriver à son plein épanouissement. Coquette était la chapelle, mais humble la maison avec ses ermitages. C'était juste. La Chapelle dressait isolément sa flèche au dessus de l'azur du gave, comme un peu le palmier lève sa tête au bord des sources du désert; mais elle ouvrait la voie du Calvaire, dont les huit édifices très artistement ornés ne nous ont laissé qu'un *Christ à la Colonne* en bois, belle épave d'un passé aussi modeste que glorieux.

Mais les jours sombres devaient aussi tomber sur Bétharram, semblables à l'ouragan qui se précipite parfois pour couvrir la sérénité d'un jour de Mai. Ne tressaillites-vous pas dans vos tombes, ô prêtres vénérés, quand, à la menace insolente, vous vîtes succéder la pioche des démolisseurs et les lâchetés de quelques hommes en délire?

Que se passa-t-il donc?.. Pareille à la chaleur énervante qui prélude aux grondements du tonnerre et à l'éclat de la tempête, une agitation fiévreuse et troublante précéda les sombres jours de la Révolution, sans toutefois faire soupçonner que la terre de France serait longtemps rougie du sang de ses propres enfants, victimes de la faction la plus odieuse et la plus scélérate qui fut jamais.

Il y avait eu de radieuses espérances, lors de la convocation des Etats-Généraux, d'où devait sortir, dans la pensée du plus grand nombre, avec une constitution moderne, une plus large somme de bien-être et de liberté pour le pays. Mais hélas ! à ces espérances succédèrent bien vite des craintes trop fondées. Les Etats-Généraux, devenant coup sur coup, sous la pression du Tiers-Etat, d'abord Assemblée législative, puis Assemblée constituante et nationale ; la nuit du 4 Août ne se contentant pas de faire des réformes nécessaires, mais nivelant d'un trait de plume toutes les conditions, comme si la hiérarchie n'était pas une chose naturelle et nécessaire parmi les hommes ; les journées d'Octobre, qui étaient un appel direct aux instincts dépravés et révolutionnaires des foules ; tels sont les premiers avant-coureurs de la sinistre tempête qui va se déchaîner sur l'Eglise de France, et sur le lieu béni dont nous nous occupons tout à l'heure, sur notre cher Bétharram. — Blotti dans un nid de verdure entre le gave aux flots tranquilles et la colline du Calvaire, à l'ombre des Pyrénées superbes, dont les cimes grandioses semblent faire perdre de vue tout ce qui dort à leurs pieds, Bétharram aurait dû, ce semble, par son humilité même, échapper aux regards de ses inquisiteurs. Mais qui n'a pas sondé tout ce qu'un cœur lâche, avide et corrompu, renferme de haine et de convoitises, ne sait pas que l'homme, à l'heure où il s'oublie, est une bête plus féroce que le tigre, sans jamais avoir la magnanimité du lion.

Bétharram alors avait pour garder son sanctuaire six chapelains, presque tous vénérables par leur âge, tous par leurs fortes vertus. Leurs noms méritent d'être conservés dans les Annales de Notre-Dame, car, au jour des dures épreuves, nul d'entre eux ne recula.

C'étaient MM. *Touton*, supérieur, *Cassiet*, ancien supérieur, *Dupuy*, vicaire général de Lescar, *Commet*, *Lafourcade* et *Menudé*.

M. Touton — M. *Touton*, docteur en Théologie, avait 35 ans, lorsque Notre-Dame, l'arrachant à la cure de St Simon, près de Toulouse, le fixa définitivement auprès d'elle, en 1765. C'était un homme d'une rare énergie et d'un ferme bon sens. Nommé deux fois supérieur, il s'appliqua au gouvernement spirituel et temporel de la maison, composa un abrégé du *Traité des Merveilles de Bétharram*, de *Marca*, et resta à son poste de chapelain et de curé de Lestelle jusqu'aux premiers jours de 1793.

Lorsqu'en Février 1791, le Directoire du district de Pau chargea la municipalité de Lestelle d'exiger du curé le serment constitutionnel, M. *Touton*, comme on s'y attendait, du reste, s'y refusa formellement, après avoir expliqué à ses paroissiens le crime qu'il commettrait aux yeux de Dieu et le déshonneur qu'il encourrait devant les hommes, si lui, prêtre, qui avait juré fidélité à l'Eglise Romaine, prêtait fidélité à une Constitution (1), qui détruisait

(1) Votée le 12 Juillet 1791.

cette même Eglise, fondée par J.-C. sur la tête de Pierre.

On le laissa provisoirement tranquille. Néanmoins, cinq mois plus tard (Juillet 1791), il reçut l'ordre de publier la première lettre pastorale de *Sanadon*, l'évêque intrus et schismatique; mais, comme on s'y attendait encore, il déclara que sa conscience et sa foi ne connaissaient qu'un seul évêque de la plaine et de Bétharram, l'évêque reconnu par le Pape, Mgr *de Noé*.

Incapable de chansonner le malheureux prélat constitutionnel, comme le faisait avec une verve inoubliable le Vicaire Général de Mgr *de Faye*, le spirituel abbé Boyer, M. *Touton* n'avait jamais pensé ni au « *grand solitaire* », ni à la « *poudre fine* », ni à la « *mer de Toscane* », ni aux autres plaisanteries gauloises, dont l'ajustement rythmique produisait un effet aussi désopilant qu'imprévu. Mais sa gravité commandait à tous le respect; et ce fut une honte que de persécuter cet homme, dont l'austère vertu honorait le pays.

Sa généreuse résistance lui attira, en effet, des tracasseries singulières, mais en lui conciliant de plus en plus, le respect des populations environnantes, en sorte qu'il put, pendant un an et demi encore, exercer publiquement le culte catholique, et dresser les registres religieux et civils de la commune de Lestelle. Comme capitaine du navire, il fut le dernier à quitter son poste, et il ne le quitta que chassé par la force. On lui avait tout enlevé ainsi qu'à ses confrères, tout, sans compensation aucune depuis le 1er Janvier 1792; on ne leur laissait que le droit à l'apostasie ou à la misère et à l'exil obligatoire. Il préféra la misère et l'exil. Malgré ses soixante ans, le vieillard franchit lentement la frontière, et s'en alla demander à la catholique Espagne le pain de chaque jour.

M. Cassiet (Pierre) — M. Cassiet était Landais. Né à Montaut, près St Sever, le 29 Janvier 1727, d'une des bonnes familles de l'endroit, il fit ses premières études au séminaire d'Agen, avec un de ses frères, futur chanoine de St Girons de Hagetmau. Ame ardente et cœur chevaleresque, il alla porter son premier amour sacerdotal aux âmes de la *Nouvelle-Acadie*, en face du *Canada*, français alors de fait comme il l'est encore aujourd'hui de cœur. C'était en 1753.

Six ans après (1759), les Anglais, devenus maîtres de ces régions, y firent la civilisation à leur manière, en livrant tout au fer et au feu, tout, les champs, les bestiaux, les hommes. Les *Acadiens*, échappés au massacre, furent avec leurs missionnaires transportés ou du moins lancés dans la direction des côtes de France, car tous ne touchèrent pas au port. Un navire emporta M. *Cassiet* et 166 de ses fils malheureux, que les Anglais traitèrent pendant le voyage avec autant de grossièreté que de barbarie. Ils les soumirent, en effet, pendant trois mois, avec une cruauté calculée, indigne d'un peuple honnête, à toutes les tortures de la faim et de la soif. Quand enfin le vaisseau aborda en Bretagne, la plupart de ces infortunés, morts hélas ! de misère, avaient disparu dans les flots de l'Océan, leur dernier linceul. On porta sur le rivage M. *Cassiet* expirant, sans parole et presque sans connaissance. Il fut recueilli à *Morlaix* par une famille charitable, qui, à force de soins assidus et délicats, et malgré d'horribles souffrances, le rendit lentement à la vie. Il se rendit alors au séminaire des Missions Etrangères, puis à Versailles, et de là à

Rome, où *Clément XIII* lui fit un paternel accueil, et revint enfin dans son pays des Landes, dans la belle Chalosse, où l'évêque d'*Aire* (1) lui confia tout d'abord une mission fort délicate, qui dura trois ans, dans la paroisse d'*Audignon*, puis une autre à *Castelnau-Tursan*. Peu de temps après, il entrait au chapitre de *St Girons*, où se trouvait déjà son frère.

Mais la vie monotone d'une collégiale ne pouvait convenir à ce prêtre, jeune encore et toujours plein des pensées de l'apostolat. Après quinze mois de stalle capitulaire, il demanda et obtint d'entrer à Bétharram pour évangéliser les campagnes, à l'instar des autres Chapelains. C'était en 1766 ; il avait 39 ans. Six ans plus tard, nous le trouvons supérieur (de 1772 à 1778); puis, alternant avec M. *Toulon*, il le devenait une seconde fois en 1784.

Quand la Révolution l'obligea de quitter *Bétharram*, il se rendit d'abord dans sa famille ; mais surveillé de près par la bande des patriotes, il se retira à Bayonne, puis à *Bilbao* et à *Santander*. Courbé par l'âge et ne pouvant du reste rentrer à *Bétharram*, qui était toujours possession nationale, M. *Cassiet* revint, après la tempête, dans sa maison natale, et c'est là qu'il mourut en 1809, à l'âge de 82 ans, estimé des hommes et plein des vertus qui font les saints.

M. *Toulon* et *M. Cassiet* furent, à la fin du XVIIIe siècles, les deux pivots de la maison. Je veux pourtant dire un mot de leurs quatre confrères, tous collaborateurs dévoués.

---

(1) Mgr Playcart de Raygecourt.

M. Dupuy, (1) originaire d'*Auch*, avait fait, à *Toulouse*, de fortes études philosophiques et théologiques, qui le conduisirent au Doctorat en 1760, un an avant son sacerdoce. Il vint en Béarn, et obtint la cure de *Caubios*, qu'il résigna, lorsque Mgr de *Noé* le nomma, à peine âgé de 30 ans, Vicaire Général du diocèse. Après avoir rempli pendant 15 années ces fonctions aussi délicates qu'honorables, il vint en 1782, cacher à Bétharram son humilité et ses vastes connaissances, qu'il mettait avec la simplicité la plus aimable au service de tout le monde, et surtout de ses confrères.

M. Lafourcade arriva à Bétharram presque en même temps que M. Dupuy, vers 1782. C'était un bon missionnaire, mais nous manquons de documents précis sur son compte.

M. *Menudé* (Jean). — M. *Menudé*, à raison de son âge, peut-être, était économe de la maison. C'était le plus jeune des six prêtres, bien qu'il eût 48 ans. Dès son ordination sacerdotale, en 1769, il s'était offert à Notre-Dame, et Notre-Dame, agréant son sacrifice, lui rendit en amour et en esprit de foi tout ce que ce fidèle sujet avait fait pour sa Souveraine. Il est deux lignes, qu'il faut baiser avec respect, car elles sont écrites de la main de ce confesseur de la foi. A son retour d'*Espagne*, d'où il avait suivi avec douleur le drame qui s'était déroulé à Bétharram pendant plusieurs années, il arriva droit au berceau de son sacerdoce en 1801, pour y

(1) *Dupuy* (Jn-Pre), né à Auch le 28 Août 1737, tonsuré le 22 Septembre 1753, termina ses études philosophiques le 25 Juillet 1757 ; docteur en Théologie le 1er Mai 1760 ; ordonné prêtre le 19 Septembre 1761 ; curé de *Caubios* (1761-1767) ; Vicaire-Général de 1767 à 1782 ; à Bétharram en 1782.

reprendre les fonctions de curé, lesquelles, en attendant l'ère nouvelle et le nouvel évêque des Basses-Pyrénées, des Hautes-Pyrénées et des Landes, appartenaient encore de droit aux Chapelains, en raison de la convention de 1626.

Dès qu'il apprend que Mgr *Loyson* est agréé par le Pape pour gouverner les anciens diocèses de *Lescar*, *Oloron*, *Bayonne*, *Dax*, *Aire*, *Tarbes* et la moitié du *Comminges*, il écrit aussitôt : « J'adhère au Concordat, et je suis dans la communion de mon Evêque présenté par le Premier Consul et *institué* par le St Siège. » *Institué par le St Siège !* C'était comme une évocation du passé. N'avait-il pas dû quitter la France de par la loi elle-même, parce qu'il n'avait pas voulu reconnaître dans l'ancien principal du collège de Pau un Evêque catholique ?

M. Commet (Jean). — M. Commet était Landais comme M. *Cassiet*. Né à Nerbis, doyenné de *Mugron*, en 1720, il avait assez longtemps gouverné la paroisse de *Geaune*, dans le diocèse d'*Aire*, avant d'entrer à Bétharram. La loi fit semblant de se montrer débonnaire pour cet homme, parce que c'était un vieillard. Elle ne l'obligea pas à s'exiler sous peine de mort. Mais comme elle le traita ! Poursuivi à Lestelle, chassé de Nay comme un malfaiteur public, interné à Pau, souffrant du froid, il se voit refuser par les administrateurs du département, avec l'argent strictement nécessaire, une saison thermale que le médecin lui-même sollicitait par compassion pour ses infirmités.

Dès que parut la loi de *Vendémiaire* an IV, il quitta sa prison, et revint, non à Bétharram, d'où les gendarmes l'auraient banni, mais à *Lestelle*, dans la maison *Bernard Chigué*. Toutefois la police le surveillait encore, car il commit tout d'abord un nouveau crime, celui de dire la messe et de confesser dans les maisons particulières, sans en avoir référé au préalable aux proconsuls de l'endroit. Même en *1800*, on osait *« l'exhorter à ne pas continuer les fonctions de son culte. »*

N'était-ce pas féroce de traquer ainsi un vieillard inoffensif ? Mais lui, plus fort que sa vieillesse et que sa ruine physique, continua son ministère et finit même par se loger à Bétharram, au pavillon du sud. C'est là qu'il mourut, le 4 Février 1805, dans la maison en ruines, mais du moins dans la maison de sa Mère, à l'âge de 85 ans (1), après avoir signé, lui aussi, d'une main tremblante, mais d'un cœur joyeux, son adhésion au Concordat.

Tels furent ces prêtres. Tant qu'on ne les dépouilla que des choses de la terre, — c'était grave sans doute, car enfin il fallait vivre, — ils surent faire tous les sacrifices, mêlés pourtant de justes réclamations. Dès le jour où la Révolution voulut les déshonorer en demandant leur foi, ils levèrent la tête et montrèrent avec une dignité vraiment sacerdotale, que l'exil, auquel les condamnait la loi sous peine de mort, et le pain noir de l'étranger, sont infiniment préférables aux compromissions honteuses et à la honteuse apostasie.

Pour terminer cette première étude, il convient de dire quelques mots sur les Pères Capucins, que le Directoire de Pau interna à Bétharram, depuis le 21 Décembre 1791 jusqu'au mois de Septembre 1792.

(1) L'acte de décès porte : à l'âge d'environ 88 ans.

Ils étaient trente-cinq Pères et Frères, entassés un peu partout, car le couvent n'avait alors ni le second étage, ni le corps actuel des parloirs, ni celui de la salle des Conférences, ni enfin celui de la grande Bibliothèque, du moins tel qu'il est aujourd'hui.

Les F. F. Vincent *Dupouy* et Jean *Larme* y restèrent pendant toute la durée de la Révolution, à titre de gardiens non payés. Tous les autres, à l'exception du *P. Tinel*, âgé de 82 ans, et du célèbre *P. Joseph*, tout jeune encore (il atteignait à peine sa trentième année), se rendirent en Espagne par la vallée d'Argelès. Le P. Tinel, malade et cassé, resta à Lestelle, d'abord dans la maison *Loste*, et mourut chez *Cantonnet Gernon*, le 15 Mai 1802, à l'âge de 92 ans.

Le *P. Joseph* (Jean *Sempé*, de *Lahitte-Toupière*, H.-P.) a une histoire et une légende. Il fit merveille pendant la Révolution. Logé chez « *la citoyenne Cantonnet, veuve Chigué* », il rayonnait aux environs pour confesser, faire les baptêmes et les mariages, travaillait aux champs, et causait sous un habit d'emprunt et de singulières allures avec les gendarmes lancés à sa recherche. Ceux-ci le rencontraient parfois sans le connaître, lui demandaient des renseignements sur ce démon de *P. Joseph*, que l'on voyait partout et qui partout était insaisissable. Ça les ennuyait bien, ajoutaient-ils, de traquer ce brave homme, car, après tout, il n'avait ni tué ni volé ; mais c'était la consigne, et la consigne les obligeait de le prendre et de le conduire à Pau.

Comme l'on pense, le P. *Joseph* les renseignait avec exactitude !... Il avait bien vu ce scélérat de ci-devant Capucin, il l'avait même rencontré, mais en ce moment, où courait-il ? Tenez, c'était un sorcier, capable d'ensorceler les gendarmes eux-mêmes, l'eussent-ils eu au milieu d'eux.

Et les bons officiers de police rentraient à Nay et faisaient un rapport consciencieux, déclarant que, malgré leurs actives recherches, il leur avait été impossible de mettre la main sur le citoyen *Sempé*, qui continuait à répandre le fanatisme, empêchait les populations de recevoir la lumière de la République une et indivisible, et, par suite, méritait au moins trois fois la guillotine !.... (1)

Après le Concordat, le P. *Joseph* travailla à relever le Calvaire, mais son œuvre, très primitive, gros-

---

(1) On voit encore dans la maison *Chigué* le *réduit* qui servait de cachette au P. *Joseph* et de Tabernacle à Notre-Seigneur. Cent ans de distance n'y ont apporté que de légères modifications. Il se trouve au sud-est du premier étage et donne accès sur la chambre, où le Père célébrait la Sainte Messe bien avant dans la nuit et bénissait les mariages. La très petite fenêtre, chargée d'apporter la lumière et l'air du Gave, est condamnée aujourd'hui à l'extérieur ; mais, de l'intérieur, on aperçoit encore les trois barreaux de fer et la pierre de taille. C'est par là qu'on faisait parfois passer la nourriture au malheureux proscrit, condamné à vivre les longs jours de ces longues années dans un placard d'*environ* 3 mètres de hauteur, 1m39 de largeur et 1m de profondeur. Il est vrai qu'au-dessus de sa tête et de son rudimentaire bureau de travail, fixé à l'embrasure de la petite fenêtre, vivait le divin Compagnon de son exil, dans un petit ciboire, entre deux planches aménagées.

On avait, en outre, pratiqué au-dessus de la porte actuelle de la cuisine, une trappe qui mesure à peu près 0m70 de hauteur et tout autant de profondeur. C'était là qu'aux heures difficiles, pendant les recherches consciencieuses de la police, le Père se glissait et s'accroupissait au risque d'y étouffer.

Nous tenons ces détails de Madame veuve Chigué et de Madame Joséphine Peyrounat, veuve Chigué. Cette dernière a vu, dans son enfance, le placard primitif, et entendu de sa tante ce que nous venons de raconter.

sière même, portant le cachet de toute œuvre sans art, avait néanmoins le don d'émouvoir les cœurs, et aussi, dit-on, d'épouvanter les enfants, que la seule pensée des formes juives réduisait promptement au silence. En 1810, il devenait curé de *Bosdarros*, et vers 1820, doyen de *Pouillon* (Landes), où il mourut le 7 Février 1844, âgé de 81 ans.

Lui, aussi, avec son caractère singulièrement original, avait fait, comme les vieux chapelains, honneur à Notre-Dame.

II. — LES TERRES

Nous avons peine aujourd'hui, à cent ans de distance, et par suite des bouleversements nombreux de la société, à nous rendre compte de l'état d'esprit qui régnait dans nos contrées, et de l'influence funeste que Paris exerça sur le reste de la France. Le *Béarn*, la *Navarre* et la *Bigorre* sont loin d'être sectaires. S'ils ont des caractères opposés, le Béarnais, souple, adroit, insinuant; le Basque, vif, ardent et forte tête comme le roc de ses montagnes; le Bigourdan, rude, mais généreux et loyal, ils ont tous un trait commun : l'attachement profond à la foi catholique.

Mais comme toute eau qui bout, produit, si pure soit-elle, de l'écume au haut du vase qui la renferme, ainsi le pays, fermentant sous le feu des passions révolutionnaires, tira de son sein et mit à sa tête des hommes qui ne représentaient ni son esprit, ni sa foi. Cupides partout et serviles, ils furent cruels et sanguinaires à Paris, cruels et tyrans à Pau, tyrans et lâches dans les communes. L'histoire n'a pas de ménagements à garder vis-à-vis de ces hommes impitoyables ; à tous, victimes et bourreaux, elle doit la vérité, et la vérité est sévère pour ceux qui furent à la fois les chefs et l'écume du pays au temps de la Terreur.

On a beaucoup parlé des biens dits *nationaux*, des biens enlevés à l'Eglise, comme de ceux enlevés un peu plus tard à certaines familles, coupables de ne point partager les opinions politiques et religieuses des sans-culottes du jour. On sait que l'argent provenant de ces ventes n'allait point tout entier au trésor public. Il n'est donc pas étonnant que celui de Bétharram n'ait pas afflué en bloc dans les caisses nationales, et qu'il ait connu d'autres poches que celles de l'Etat.

Suivons un instant le drame qui se déroula ici-même de 1789 à 1797. Les lois faites à Paris se transmettaient à la province moins vite que de nos jours ; car, d'abord, les travaux d'impression et d'envoi étaient fort compliqués, et puis on n'avait pas encore à son service les télégraphes et les chemins de fer. Parvenues au chef-lieu du département, elles devaient être tirées à un tel nombre d'exemplaires, puis envoyées aux directoires de district, lesquels les faisaient porter dans un délai plus ou moins long à toutes les municipalités. Ce n'était guère qu'après des mois, parfois plus encore, que les décrets de l'Assemblée nationale, de la Législative ou de la Convention, arrivaient dans nos campagnes, surtout dans les villages reculés. C'est ce qui explique l'effarement que causaient, au milieu de nos populations simples, des bruits perfides répandus à dessein, annonçant tantôt qu'une troupe était en marche pour raser un village, un château, un monastère, tantôt que l'Allemand ou l'Espagnol avaient franchi la frontière, sous la conduite de certains émigrés, prêtres ou nobles ; que, par suite, il fallait à tout jamais effacer le souvenir de ces traîtres, en faisant disparaître leurs terres, leurs titres et leurs maisons.

Toutefois rendons aux terroristes cette justice qu'à Bétharram ils ne cherchèrent point des traîtres. Mais il y avait des terres, et naturellement elles étaient alléchantes à cause même de leur nom. D'où provenaient-elles ?

Quand aujourd'hui on veut fonder ou des messes ou des missions, la chose nous semble très simple : on dispose d'un capital, dont la rente réalisera les desseins des fondateurs. A l'époque dont nous parlons, l'argent ne circulait pas comme de nos jours ; aussi les fondations étaient-elles assurées sur des immeubles, tels que prairies, bois, champs, vignes, maisons, martinets, moulins, dont les produits servaient à remplir les obligations multiples que la communauté des prêtres avaient contractées.

Or, il arriva que presque tous les biens de Bétharram représentaient des capitaux chargés d'assurer à perpétuité la célébration de 715 messes, tant solennelles que simplement chantées ou basses, l'entretien d'une maîtrise et les exercices de huit missions. C'était donc un affreux sacrilège qui se préparait, puisque, en fait, on allait dépouiller les défunts des suffrages de l'Eglise, et priver les âmes d'un très grand bien, en enlevant aux chapelains la possibilité d'être fidèles à leurs engagements, qui, ajoute M. *Toulon*, « ont été fidèlement remplies par » nous et nos prédécesseurs, jusqu'à l'année 1791,

» que nos biens furent vendus et la Congrégation » dispersée ».

J'ai dit plus haut qu'ils furent généreux. Quand, au 4 Août 1789, on abolit tous les droits et toutes les redevances, ils se soumirent sans murmure. Quand, pour combler le déficit, sous lequel croulait la vieille monarchie française, on leur demanda dans quelle mesure ils pouvaient souscrire à la contribution patriotique, ils s'imposèrent, le 30 Décembre 1789, pour 2.500 livres.

Quand l'Assemblée nationale vota, le 2 Novembre 1789, la confiscation des biens ecclésiastiques, avec la promesse absolue d'indemniser dans une juste mesure ceux qu'elle dépouillait, disait-elle, dans l'intérêt public, les chapelains plièrent devant la force, firent loyalement l'état complet de leurs biens, et réclamèrent la pension promise, pour être en mesure de remplir les engagements contractés par la maison depuis 150 ans. Mais après leur avoir demandé déclaration sur déclaration, après avoir fait inventaire sur inventaire, on ne servit qu'avec des retards infinis cette pension qui, du reste, cessa pour toujours avec le trimestre d'Octobre 1792.

Les fonds destinés au culte servirent à payer les divers fonctionnaires du département et du district, et les juges eux-mêmes, tandis que les chapelains et le clergé fidèle, privés de tout secours, devaient quitter, de par la loi, le sol de la patrie.

En face des appétits nombreux qui demandaient à se satisfaire dans l'achat *en assignats* des biens du sanctuaire, les chapelains tentèrent un dernier effort. Ils demandèrent hardiment, et, cette fois, un ancien confrère, M. *Lamaison*, s'était joint à eux, ils demandèrent, le 16 Décembre 1790, que les propriétés de Bétharram ne fussent pas mises en vente, et qu'on leur en laissât l'administration. Ce n'était pas le compte des divers soumissionnaires, ni, par suite, des chefs du district. Aussi le Directoire du département, par l'organe de *Leremboure*, procureur général syndic, ne tint aucun compte de cette demande, déclara les biens de Bétharram biens nationaux et ordonna de procéder aux ventes (5 Janvier 1791).

L'ukase est signé des noms de *Mouchou*, *Leremboure*, *Ruthie*, *Casamajor*, *Dresch*.

Aussitôt, avec une ardeur aussi belliqueuse que si l'on courait à la conquête de la *Toison d'or*, une quarantaine de vaillants se rendent à Pau pour prendre part à la curée.

Toute la meute alors, comme une vague immense
Bondit ; alors chaque mâtin
Hurle en signe de joie et prépare d'avance
Ses larges crocs pour le festin.

. . . .

Car il faut au chenil que chacun d'eux revienne
Avec un os demi rongé......
Et qu'il dise en montrant son quartier à sa chienne :
« Voici ma part de royauté ! »

(Aug. Barbier. — *La Curée.*)

Messieurs, ce n'est pas moi qui tiens ce langage vengeur, rude sans doute, mais très juste ; c'est le poète des *Ïambes*.

Je ne nommerai pas les divers acquéreurs des biens de la Chapelle, car le Pape, ayant déclaré par l'art. XIII du Concordat que, « pour le bien de » la paix et l'heureux rétablissement de la religion » catholique, ni lui ni ses successeurs ne trouble» raient en aucune manière les acquéreurs des biens » ecclésiastiques aliénés...... », je n'irai pas moi non plus troubler dans la tombe le repos de ces braves gens qui, somme toute, malgré des oublis coupables, furent des chrétiens, et qui sont morts en paix avec le bon Dieu. Deux, du reste, ont voulu, paraît-il, que ces terres, achetées à la nation dans un jour d'égarement, revinssent aux successeurs des chapelains d'autrefois, pour le prix qu'ils en avaient donné eux-mêmes.

En lisant les actes de vente, dont sont remplies les Archives départementales, on croit assister encore à la ruine d'une grande et belle famille, à son démembrement, à son découronnement. C'est que la terre, la terre qui nous appartient, est quelque chose de nous-mêmes. Fruit de notre activité, de notre intelligence et de nos labeurs, elle est, comme les enfants, le prolongement du père et de la mère, un peu de leur tendresse et de leur vie. Ce n'est pas sans un serrement de cœur qu'on voit passer en des mains étrangères, le champ que les ancêtres ont remué sous les ardents rayons du soleil et dont on a toujours espéré dire : Ils y ont vécu tranquilles, j'y vivrai heureux ; ils y sont morts, j'y mourrai.

Pour les biens appartenant à Notre-Dame, le départ commença le 5 Février 1791, sous les yeux désolés des bons vieux chapelains. Ne devaient-ils pas dire dans le fond de leur âme :

Impius haec tam culta novalia miles habebit ?
Barbarus has segetes ? En quo discordia cives
Perduxit miseros ! His nos consevimus agros !

(VIRG. *Egl.* I.)

Ce jour là, on en vendit pour vingt mille livres. Et les acquéreurs s'en vinrent, la tête baissée comme des coupables et comme des hommes honteux de leurs actes, cultiver ce qu'ils savaient, en dépit de toutes les lois, appartenir à des œuvres sacrées.

Le déchirement continua le 9 et le 26 Février, le 17 Mars, le 7 Avril, le 7 Mai, le 27 Juin, le 29 Août, tout le long enfin de cette année 1791, en sorte que des propriétés, que la Ste Vierge possédait à Lestelle, Montaut, Igon, Gan, Trouley et Ausmets, il ne restait plus que le Calvaire, le couvent, l'enclos attenant et la Chapelle.

III. — LE CALVAIRE

Grâce peut-être à la lettre d'un expert docile, la vente du Calvaire fut différée jusqu'en 1796. Cet expert écrivait, en effet, le 20 Mars 1791 aux administrateurs du district : « Si j'avais pu prévoir les » malheurs qui pourront résulter de cette estimation, je me serais bien gardé d'accepter la com» mission que vous m'avez donnée ce concernant. » Je vous prie, Messieurs, d'observer que la mon» tagne du Calvaire me paraît un lieu trop sacré » pour que vous puissiez vous déterminer à la » vendre. Ce monument précieux de notre religion » est trop auguste par lui-même et si respecté et » vénéré par les fidèles qui connaissent ce saint » lieu, que je pense qu'il ne serait pas vendu sans » murmure et même une *émute* du peuple...... Vous

» n'exposerez (donc) pas en vente ladite montagne » du Calvaire, ni son principal lieu qui est la maison » de Bétharram, tout comme le local pour un » jardin. — 20 Mars 1791. — Carlon, expert. »

On attendit donc quelque temps encore, mais les Mandrins n'attendent pas. Il y eut un tel ravage dans le bois du Calvaire, planté alors d'arbres de haute futaie, qu'il fallut, à tout instant, signaler le fait au Directoire de Pau, lequel se trouvait impuissant à réprimer tous ces pillages. — La Chapelle elle-même, nous le verrons plus loin, ne fut point respectée ; l'orgue, auprès duquel l'illustre Jéliotte avait exercé, enfant, sa voix d'artiste, avant de la produire à Versailles, perdit chaque jour quelqu'un de ses tuyaux, les malfaiteurs entrant, la nuit, du côté de la montagne par des ouvertures pratiquées dans le toit de la nef latérale, comme ils entreront bientôt de même dans la maison abandonnée.

Sur ces entrefaites, le conventionnel Monestier, de hideuse mémoire, commissaire délégué avec Pinet et Cavaignac aux armées des Pyrénées Occidentales, eut sous sa surveillance spéciale les départements des Hautes et des Basses-Pyrénées. Prêtre apostat, il avait voté la mort de Louis XVI, sans sursis ni appel au peuple, et se montrait en toute occasion le digne séide de Robespierre. Généraux, administrateurs, juges, tout le monde tremblait devant lui, car tout le monde savait qu'une parole, un soupçon, une ombre, un rien, pourrait faire dresser à l'instant la guillotine. C'était un monstre à face humaine, qui répandit à Tarbes le sang innocent au milieu des orgies les plus honteuses et plongea la ville dans l'épouvante, au point que Barrère, le régicide Barrère, le traita publiquement de *féroce*. Il allait se voir accuser, le 18 Prairial an III, « d'être un fripon, d'avoir volé, d'accord » avec l'agent des fourrages de l'armée,... d'avoir.... » versé le sang des patriotes les plus purs, créé » une commission militaire à ses ordres, etc., etc.. » (*Moniteur universel*, an III, n° 258.)

Pour ajouter à ces infamies le ridicule et le grotesque, il décréta pour le pays un *Carême civique*, non pas de quarante jours, mais de soixante, obligatoire, en plein été, pour tout le monde, à l'exception des vieillards, des jeunes mères et des infirmes, Le prétexte était qu'il fallait aller en aide aux troupes nationales.

Les habitants de Lestelle reçurent de la municipalité l'ordre de se conformer à l'arrêté du dictateur, sous peine de cinquante livres d'amende et de dénonciation au comité de surveillance (1).

---

(1) Il n'est pas sans intérêt de lire à ce sujet la « *Proclamation de la commune de Lestelle* ».

« Séance publique du 16 Prairial an IIe de la République » une et indivisible (5 Juin 1794).

» Présens les citoyens Lescun, maire, Lacrampe, Coustaret, » etc....

» Citoyens, un arrêté du représentant du *puble*, *Monestier*, » du Puy-de-Dôme, en date du 27 Floréal (17 Mai 1793), nous » étant parvenu ce jourd'hui 16 Prairial, par lequel entre » autres choses il invite *à* tous les bons républicains à faire » un *Carême civique* en se privant pendant *six* décades de la » viande de boucherie, invite par le même arrêté *à* tous les » chefs-lieux du Canton de faire une boucherie pour le soula- » gement des malades, des infirmes, des mères, qui nourris- » sent des jeunes enfants, et des vieillards qui auront besoin » de se nourrir de viande fraiche, — invite aussi en même » temps *à* toutes les communes de la campagne à porter dans » les marchés des grandes communes jadis connues sous le » nom de *villes*, où sont placées les administrations des Tri- » bunaux, les Caisses de la République, les grands ateliers ou » autres établissements publics, le superflu de leur provision

Tel était le triste personnage, qui parcourut le pays, fêté partout comme un grand homme, presque comme un sauveur. Il se rendait à Nay, le 27 Ventôse an IIe (17 Mars 1794), accompagné du tribunal militaire et révolutionnaire, recevait les ovations d'un peuple en délire et les félicitations du président *Manaut*, qui le priait de répandre sur la ville « un peu d'élixir montagnard ». Et Monestier répandait son élixir en faisant de l'église, non plus le temple de Dieu, mais celui de la Raison, « où l'on

---

» en légumes, œufs, volaille, fromage et salé, et le vendre » publiquement au prix fixé par la loi, et comme tout bon » républicain doit s'empresser d'exécuter tous les ordres con- » cernant le bien public, le Conseil général de la commune, » ouï le citoyen X,.... remplissant les fonctions provisoires » d'agent national, arrête qu'à compter de ce jour, 16 Prairial, » *il est défendu* à tout habitant de la présente Commune de » tuer, ni manger, ni bœuf, ni vache, ni veau, ni vachette, ni » mouton, ni brebis, ni agneau, ni chèvre, ni chevreau, pen- » dant *six* décades à peine de *cinquante livres d'amende* » contre chaque contrevenant au présent arrêté, se réservant » encore ladite municipalité de le *dénoncer* au *comité* de » *surveillance*. — 2° — invite *à* tout habitant de porter dans » les grandes villes le superflu de la provision de légumes, » racines, œufs, volailles, lait, *burre*, fromage, cuisses *d'oye*, » jambon et porc salé, de le vendre publiquement au prix fixé » par les loix. — 3° — Les malades, infirmes, mères, qui nour- » rissent de jeunes enfants et des vieillards qui auront besoin » de se nourrir de viande fraîche ne sont point compris dans » le présent arrêté ; bien au contraire, ils pourront se procurer » la viande *qu'ils* auront besoin au *chef-lieu* du canton, où il » y aura une boucherie, néanmoins après s'être *présenté* » devant ladite municipalité, qui sera tenue de donner une » déclaration si la demande est juste. — Fait au lieu de Les- » telle, led. jour 16 Prairial, etc., etc..... La présente procla- » mation sera publiée et affichée au son du tambour. *Lescun*, » maire, etc., etc...... »

» célèbrerait, dit le rapport, les fêtes décadaires, » en haine des superstitieux mensonges qu'on y a » débités jusqu'à ce jour. »

Le lendemain, 28 Ventôse an II, il arrivait à Lestelle, où l'on avait planté, trois semaines auparavant, « deux nouveaux arbres de la Liberté et de la » Fraternité, les autres n'ayant pas *fluri*. » C'était le lundi 18 Mars 1794. La garde nationale du village avait été mobilisée pour recevoir avec honneur l'illustre citoyen. Lescun et ses amis la gratifièrent d'une collation de soixante livres en souvenir de ce beau jour. Monestier donne ses ordres — (ici je cite textuellement le procès-verbal) — Monestier donc donne ses ordres « pour détruire le Calvaire « et faire fermer les Eglises, tant celle de Lestelle « que celle de Bétharram ; et ayant commencé de « démolir *sur le champ* une partie du dit Calvaire, « n'ayant pu achever, attendu qu'il était fort tard, « ledit citoyen représentant chargea ladite munici- « palité de finir les opérations commencées et de « lui en rendre compte dans la huitaine. En « conséquence, le Conseil général de la commune, « ouï l'agent national, arrête, en vertu de l'ordre « du citoyen Monestier, représentant du peuple « français, que les trois *Croix de marbre,* qui se « trouvent sur le haut du Calvaire, de même « que toute autre, qui aurait pu rester sans être « renversée.... dans quelque chapelle, ainsi que « toute autre figure ou statue, qui n'aurait pas non « plus été renversée, sera le tout démoli et « renversé par terre par les soins du citoyen..., « Agent national, lequel sera tenu de faire faire « le tout et d'en rendre compte à la municipalité « dans *deux* jours pour tout délai.... »

« Fait à Lestelle et maison commune ledit jour,

« mois et an susdits (30 Ventose an II, 20 Mars « 1794.) LESCUN, maire, etc....

Ainsi fut fait.

Monestier quitta Lestelle avec l'orgueilleuse pensée d'avoir à tout jamais anéanti ce qu'il appelait « le fanatisme des peuples et l'impudence des prêtres », car il avait aussi transformé sa modeste église en temple de la Raison et en salpêtrière. Avait-il donc oublié l'Evangile et perdu de vue que le divin Crucifié disait à ses disciples : « *Ne craignez point ; j'ai vaincu le monde* » ?

L'heure, au temps dont nous parlons, était encore aux ténèbres, mais le soleil devait se lever, quelques années plus tard, sur ces lieux désolés, plus brillant que jamais.

En attendant, la convoitise guettait jalousement la colline sainte. Les scrupules de 1791 disparaissaient au contact des hommes du jour, terrorisants et terrorisés. Dès que la loi du 28 Ventôse An IV (18 mars 1796), relative aux biens nationaux fut connue, trois citoyens se présentèrent à Pau pour soumissionner le Calvaire, (7 Thermidor An 4 — 25 Juillet 1796). Après les longues opérations de l'expertise, dix en firent l'acquisition pour la somme de 12.525 livres. Il y avait onze cents arbres magnifiques, hêtres et chênes. C'était le 1er Fructidor (19 Août 1796. — Quatre jours après (23 Août), la ferme voisine, attenante au couvent, avec sa cour, sa châtaigneraie, et sa prairie, sur laquelle se dresse maintenant la jeune maison-mère, était adjugée pour 2.440 livres. Le Directoire la mettait en ferme jusque-là chaque année. Le dépouillement était complet. Il ne restait plus que la maison délabrée et la chapelle.

IV. — LA CHAPELLE

De la maison, nous n'en parlerons pas. Inventoriée à toute heure, depuis 1790, dépouillée successivement de tout, depuis l'argenterie de table, la bibliothèque et le mobilier qu'on fit porter à Pau, jusqu'à la maigre tapisserie de ses murs, jusqu'à la dernière chaise, jusqu'aux chenets du foyer, jusqu'aux pincettes, qu'on vendit sur place à la criée, elle resta solitaire, lugubre, ouverte aux misérables Cartouches du pays, race, dit-on, disparue. Deux frères capucins, Jean Larme et Vincent Dupouy, eurent la garde officieuse de ces murs en ruine, où nous retrouvons le fidèle Jean Larme le 22 février 1802.

Mais nous n'avons rien dit de la chapelle, et certes il est intéressant de savoir comment elle traversa cette époque si extraordinairement tourmentée.

Un premier inventaire de la sacristie comme du couvent fut fait, au nom de la Nation, le 25 octobre 1790, un second, les 24, 27 et 31 août 1791. Sur ces entrefaites, les trois églises de Montaut, Lestelle et Betharram furent réunies en une seule paroisse, sous la direction de Pommés, curé de Montaut. On en prit prétexte pour transporter à Pau la plupart de nos ornements et de nos vases sacrés (octobre 1792), et vendre encore sur place, par coupes réglées, au profit de la Nation et des... individus, le lin, le cuivre, l'argent, tous les dons enfin que la piété des fidèles portait au petit autel du *Trésor*. Il en devait être ainsi jusqu'à l'arrivée de Mgr Loison (fin décembre 1802), la chapelle étant déclarée bien national, et, par suite, les dons faits à la Sainte Vierge considérés comme faits à la nation.

Tout à coup, à la demande d'un homme qu'il est inutile de nommer, et en présence du vicaire épiscopal de l'Evêque schismatique, le Procureur Général syndic prononça contre Bétharram, où depuis sept mois les Capucins vivaient avec M. Touton, un réquisitoire réellement suggestif.

« Messieurs, je ne vous retracerai point aujour-
« d'hui les ravages et les désordres que le fanatisme
« et l'hypocrisie ne cessent de causer dans presque
« tous les points du département...... Vous savez
« combien les Ecclésiastiques ont travaillé l'esprit
« des pauvres montagnards qui les environnent....
« Déjà leurs excès ont provoqué le *zèle des magis-*
« *trats*, déjà des mandats d'arrêt ont été expédiés,
« mais c'est en vain que les accusés ont été cités
« par la justice. Ils ont échappé aux recherches,
« qui en ont été faites ; plusieurs contre lesquels
« les preuves ne devaient point être suffisantes
« sont encore à Bétharram, et nous ne pouvons
« point nous dissimuler qu'avec les mêmes opi-
« nions, ils ne soient aussi enflammés du même
« esprit de prosélytisme, qui tourmentait *leurs*
« *confrères fugitifs*. Nous touchons au 15 Août,
« époque à laquelle il se faisait chaque année à
« Bétharram des rassemblements considérables.....
« sous prétexte de visiter les chapelles du Calvaire
« et de faire leurs dévotions. Il est fort probable

« que le concours sera plus grand à l'occasion de « la nouvelle fête, par rapport au grand nombre « des habitants des villes et surtout des campa- « gnes, qui ont été égarés, fanatisés, et qui auront « la certitude de trouver à Bétharram des ministres « propres à les fortifier dans leurs funestes « opinions.......

« .... Je requiers (donc) arrêter que les portes « extérieures de l'Eglise appelée de Bétharram « seront fermées sans délai, faire défense à toute « personne de former des attroupements, sous « prétexte de dévotion ou pèlerinage à Bétharram... » enjoindre aux municipalités.... de veiller à l'exé- « cution du présent décret, et d'employer même, « s'il le faut absolument, la force publique.....,

Et le Conseil Général d'administration......, gravement affecté des maux incalculables que le fanatisme a déjà produits....., considérant que le concours religieux qu'attiraient à Bétharram certains jours de fêtes, et notamment celles du 15 Août, des 8 et 14 Septembre, ne pourrait être toléré plus longtemps ; — considérant que... considérant si..., — considérant quoi.... !

Arrête que les portes extérieures de l'Eglise de Bétharram seront fermées et murées immédiatement par les soins des officiers municipaux dudit lieu, et que les gendarmes de Pau, de Nay et d'Arudy se rendront à Lestelle pour réprimer les attroupements, etc.

On le voit, l'émoi des proconsuls était à son comble, et la patrie en danger, parce que nos arrière-grand'mères venaient s'agenouiller aux pieds de la Vierge, et prier sans doute pour la régénération chrétienne de la France et la conversion de ceux qui, près d'elles, faisaient, avec une certaine inconscience sans doute, cause commune avec les scélérats.

Cette page sectaire fut écrite le 7 Août 1792 et envoyée à toutes les municipalités. Peu de temps après, les Capucins, « s'étant rendu justice en » sortant de la République » — ces termes sont du citoyen Lescun (Procès-verbal du 11 Prairial an II, — 30 Mai, 1794) — prenaient par Argelès la route de l'Espagne. M. Touton, à son tour, donne, le 12 Septembre, une dernière signature à Bétharram, où, dit-il, « je me trouve *seul* encore de toute la « Congrégation ».

Aussi les malfaiteurs eurent beau jeu. Un matin, on s'aperçut que la porte murée avait été démolie au niveau du sol, de manière à laisser passer un homme ; — que des statues avaient été brisées, des serrures forcées ou coupées. Le 23 Décembre 1792, on portait au chef-lieu des procès-verbaux d'effractions faites à la chapelle. Le 28, le Maire, au nom du Directoire, apposait les scellés à l'entrée du Trésor ; le 12 Janvier 1793 (1), les scellés avaient disparu ; le 16, on constatait que la salle des soufflets de l'orgue avait une ouverture de trois pans de largeur sur trois de hauteur, que les serrures avaient encore disparu, et, avec elles, le peu de choses qui restait au pavillon de l'Ouest, à l'exception d'une chaise, qu'une main criminelle avait suspendue, par dérision sans doute, à l'extérieur de la fenêtre.

Le 3 Mars, l'administration centrale ordonnait de nouveau la fermeture absolue de la Chapelle, *à vue de lettre*, car les bonnes âmes profitaient même du

(1) *Lescun* fut nommé maire de Lestelle, le 2 Janvier 1793.

passage des voleurs pour aller prier. L'ordre, connu seulement le 31 Mars à 10 heures du matin, reçut à l'instant son exécution. « Nous avons *de suite* » envoyé chercher le citoyen Nougués, maçon, à » qui nous avons ordonné de partir dans l'instant » pour aller fermer et murer lesd. portes ». (Procès-verbal du jour.)

Le 27, ne pouvant passer par la porte et dificilement par la fenêtre, les malfaiteurs eurent recours à leur stratagème ordinaire et pénétrèrent pour la vingtième fois par le toit. Ils abîmèrent l'orgue, descendirent à la sacristie, emportèrent un surplis, le seul sans doute qui restât, et la lampe du sanctuaire, laquelle hélas ! n'éclairait plus l'hôte divin, firent sauter le mur, que l'on avait élevé derechef derrière la porte principale et pratiquèrent une nouvelle ouverture dans la porte elle-même.

La rumeur publique désignait les coupables, mais on n'en découvrit aucun « *ouvertement* », dit le rapport, ce qui signifie qu'on ne voulut en prendre aucun sur le fait. Toutefois, pour éviter qu'on se portât à d'autres extrémités, il fut ordonné, le 11 Floréal an II (1er Mai 1794), à Bernard Chigué, commandant en second de la garde nationale, et, en son absence, au capitaine de la première compagnie, de tenir dans la maison, chaque nuit, de 7 heures du soir à 5 heures du matin, 4 veilleurs armés de piques, avec défense de se chauffer.

Pauvre garde nationale ! elle marchait clopin-clopant, car, bien vite après (21 Prairial — 9 juin), les grands patriotes se virent dans la nécessité douloureuse de la réorganiser. On tint à cet effet une assemblée générale au *Temple de la Raison*, c'est-à-dire à l'église. C'est là que le président et le secrétaire prêtèrent « le serment républicain de

« maintenir la Liberté et l'Egalité et de mourir en « la défendant, et d'exterminer tous les tyrans, » tous les despotes coalisés contre notre sainte » Liberté....! » Quelle vaillance !... Ils ne parlaient pas avec cette fierté, digne des Scévola et des Caton, quand pressés naguère d'envoyer sous les drapeaux *huit* de leurs fils à titre de volontaires, ils faisaient humblement valoir des empêchements sans nombre, et qu'à la place des leurs, ils obligeaient de force des domestiques et des jeunes gens sans foyer à suivre les recruteurs.

Mais revenons à la Chapelle. Tandis que, malgré sa dévastation, elle était l'objet de fréquentes visites de la part des rôdeurs de nuit, un individu craignant, paraît-il, de ne pouvoir trouver ailleurs un logement, se proposa pour locataire au directoire du district. — Celui-ci, heureux sans doute de l'occasion soudaine, qui se présentait, rendit un arrêté le 24 Prairial an III (12 juin 1795), par lequel il ordonnait l'afferme « de la ci-devant Eglise et maison de Bétharram. »

Lestelle, cette fois, sollicita, par la plume de Lescun, la suspension de cet arrêté, d'abord parce qu'il avait « *déjà présenté une pétition* (1) pour « demander l'Eglise, à l'effet d'y faire célébrer le

---

(1) Ceci demande quelques explications. — Après le 9 thermidor, (27 juillet 1794), la Convention semble revenir à pas lents et mesurés à un régime moins oppressif et moins barbare vis-à-vis de l'Eglise. De tous côtés le peuple, témoin de l'héroïsme de ses prêtres fidèles, réclamait chaque jour le libre exercice de la religion catholique. C'est sous l'empire de ces manifestations, timides souvent, mais multiples, que parut le décret du 2 Nivose an III (21 février 1795), par lequel tout citoyen avait le droit d'exercer son culte *sans aucune manifestation extérieure*. C'était peu ; aussi ne

« culte conformément à la loi... », puis parce que la ferme, ne pouvant produire « qu'une somme » modique » serait » plus funeste qu'avantageuse » à la Nation », car les locataires dégraderaient tout, même les tableaux, dont la Nation retirerait « un parti bien plus avantageux lors de la vente ». « — Actuellement deux concierges gardaient les bâtiments et ces concierges ne coûtaient rien. Donc dans « l'intérêt de la Nation », Lescun priait le Directoire de surseoir à la ferme ordonnée. Le Directeur de l'enregistrement à Pau appuyait la pétition en déclarant qu'il valait mieux « laisser ce bâtiment dans l'état, « *sous la surveillance* de la municipalité » (8 Messidor an III. — 27 juin 1795). (2)

---

cessa-t-on de réclamer la restitution des églises, confisquées par la Nation depuis le mois de novembre 1793 et transformées à peu près partout en *Temples de la Raison*, comme le fut celle de Lestelle, le 18 Mars 1793. La Convention céda finalement devant tous ces vœux et rendit aux communes, pour l'exercice du culte, les églises paroissiales non aliénées. Lestelle rentra donc en possession de la sienne, et *pétitionna, mais en vain,* pour obtenir celle de Bétharram. Dieu ne permit pas que les cérémonies sacrilèges des prêtres apostats vinssent déshonorer les autels de Marie ; c'était trop que l'église St-Jean fut souillée par la présence des Pardies et des Gémit, qui, en vertu de mesures spéciales et rétroactives, (*Loi du 5 Brumaire an IV, — 25 Octobre 1795*), purent seuls exercer publiquement à Lestelle les fonctions cultuelles, tandis que le P. Joseph et les autres confesseurs de la foi, se cachaient comme aux plus sombres jours de la Terreur.

(2) C'est sans doute sur cette pétition, où nous lisons la phrase suivante à propos de la Chapelle : « Il y a des tableaux à conserver pour les arts », que s'est forgée la légende, d'après laquelle le citoyen Lescun nous est représenté comme un sauveur. Mais tous les actes publics de ce personnage, à l'*époque de la Révolution,* nous obligent à le descendre de son piédestal.

L'administration ne l'entendit pas ainsi. Elle envoya des commissaires, chargés d'examiner les constructions et les tableaux, puis trouvant que les réparations seraient trop coûteuses, décida la vente de la Chapelle, de la maison, du mobilier, sauf des tableaux, réservés pour l'enseignement, et du buffet de l'orgue (22 Brumaire An IV — 12 novembre 1795).

Qui donc allait acheter la maison déserte et la Chapelle en deuil ? Un honnête homme, dont l'intention, comme il le prouva plus tard, était de rendre le tout à sa destination primitive, ou du moins à une destination chrétienne, se présenta comme soumissionnaire et versa un acompte en argent et en assignats de 1.500 livres, le 17 Thermidor An IV (4 Août 1796). Il s'appelait Bernard Doussine. Originaire de Coarraze, mais fixé à Pau, où il possédait un vaste magasin de draps, il se vit ruiné par la loi du *maximum* et fut mis en prison comme aristocrate imprudent. Dès qu'il eut sa liberté, il acheta, pour vivre, une place d'huissier, qu'il géra avec une honnêteté parfaite.

Toutefois, à raison des pétitions successives que Lestelle adressa au Directoire du département, la vente définitive subit un long retard et aussi des modifications.

En attendant, l'horizon commençait à s'éclaircir. Obligés, jusqu'en 1802, de célébrer toujours les saints mystères dans les maisons particulières. tandis que les assermentés avaient l'Eglise paroissiale à leur disposition, les prêtres fidèles eurent le bonheur, le 4 avril, de voir le préfet autoriser la Chapelle de Bétharram pour l'exercice du culte catholique.

L'arrêté préfectoral a une trop grande importance

pour que nous ne le citions pas en entier. Du reste, il est encore inédit, et peut-être complètement inconnu.

« Vu la pétition des habitants de la commune de » Lestelle, tendant à obtenir *provisoirement la* » *jouissance* de la chapelle de Betharram pour y » faire exercer le culte de leur communion par le » ministre qu'ils choisiront ;

» Vu la lettre du Conseiller d'Etat chargé de » toutes les affaires concernant les cultes, qui in- » vite à conserver l'édifice précité ;

» Vu le tableau présenté par le Maire de Lestelle » (Monsarrat), duquel il résulte qu'il y a dans cette » commune un autre édifice servant aux exercices » du culte *catholique constitutionnel ;*

» Le Préfet des Basses-Pyrénées,

» Considérant que la demande des habitants de » Lestelle est conforme aux principes établis pour » la Liberté des cultes ;

» Considérant que le local réclamé étant *une* » *propriété nationale*, la *jouissance provisoire* peut » en être accordée dans l'intérêt public, pour en » user comme d'nn oratoire particulier, apparte- » nant exclusivement aux citoyens qui veulent s'y » rassembler ;

» Considérant que la paix des familles et celle des » communes résulte de la séparation des ministres » de diverses opinions et des individus, qui sui- » vent leurs Rites ;

» Arrête que les pétitionnaires sont autorisés à » se choisir tels ou tels ministres, pour faire exclu- » sivement les fonctions du culte de leur commu- » nion dans la Chapelle Bétharram, à la charge » d'en donner connaissance au Maire, qui leur » accordera protection et sûreté conformément aux

» lois, et qui exigera la preuve qu'ils se sont
» conformés au prescrit de l'arrêté des consuls du
» 7 Nivose an VIII; — de quoi il certifiera le Préfet;

» Un collationné de cet arrêté sera adressé au
» Directeur des Domaines pour qu'il prenne les
» mesures nécessaires à l'effet de s'y conformer.

» A Pau, le 15 Germinal An Xe de la République
» (4 Avril 1802).

» *Signé :* SERVIEZ.

» Pour Expédition :

» *Le Secrétaire général* : (Signé) DAGUETTE. »

C'est alors que M. Menudé, rentré depuis quelque temps au village, vint avec le bon M. Commet s'installer dans la maison, et reprendre à la chapelle les cérémonies saintes, que la foi catholique n'y connaissait plus depuis dix ans. C'était une résurrection, modeste sans doute, mais n'était-elle pas l'aurore d'un jour très-grand et très-serein ? Les cantiques de Sion retentissent depuis un siècle sous la voûte bénie, chantés d'abord par les enfants de M. Lassalle, puis par ses lévites, et enfin, depuis soixante ans, par les fils du Vénérable Père Garicoïts.

Doussine cependant n'accepta pas les vues de la commune de Lestelle. Quinze jours après le pétitionnement dont nous avons parlé, (2 Floréal. an X — 21 avril 1802), il demanda que l'administration fit l'estimation des deux objets soumissionnés et passât avec lui le contrat de vente.

Lestelle à son tour supplia le préfet de rejeter une telle demande (15 septembre 1802), et de vouloir, non plus laisser la jouissance, mais donner à la commune la possession de l'église et même de la maison de Bétharram, attendu qu'elle n'avait pas de quoi loger le prêtre, qui allait desservir ladite église ; — que si l'Etat voulait à tout prix opérer une vente, qu'il autorisât du moins la commune à faire cet achat, selon l'estimation qui en serait faite.

Le préfet resta sourd et l'état des choses dura sans modification jusqu'au 9 juin 1807, où Doussine céda à Mgr Loison « tous les droits résultant de la « soumission par lui faite devant l'administration « centrale du département des Basses-Pyrénées, « le 17 Thermidor an IV (4 août 1796), et des « consignations par lui faites en conséquence pour « l'acquisition du ci-devant couvent et de l'église « de Bétharram.... »

L'Evêque se mettait donc en lieu et place de B[d] Doussine ; c'était maintenant à lui à poursuivre aussi le contrat de vente, soit en son propre nom, soit au nom du cessionnaire.

Pour arriver enfin à un résultat, Jean Sedze, conseiller de préfecture, reçut ordre de vérifier l'état de l'Eglise et de la maison de Bétharram, et de dresser procès-verbal des motifs pour ou contre l'aliénation de ces objets relativement au service du culte. Il se rendit donc à Bétharram le 1er Août 1802, invita le maire de la commune et Doussine à présenter leurs observations, et reconnut que l'Eglise, étant absolument indispensable pour le service du culte, ne pouvait être aliénée sans de graves inconvénients. Doussine lui-même en convint de bonne grâce. A la suite de ce rapport, le Conseil de Préfecture arrêta, 1[o] que « la partie « destinée à l'exercice du culte ne serait pas vendue « et continuerait de servir à cet objet » ; 2[o] qu'on passerait contrat de vente avec B[d] Doussine sur tout le reste du bâtiment (25 Août 1807).

La vente, en effet, eut lieu le 6 Janvier 1808.

L'acte débute en ces termes : « Nous, Préfet des
» Basses-Pyrénées, *pour* et au *nom* du *gouvernement*...
» avons, par ces présentes, vendu et délaissé, dès
» maintenant et pour toujours au sieur Bernard
» Doussine.... les *domaines nationaux* dont la dési-
» gnation suit : La partie de la maison des ci-devant
» Chapelains de Bétharram.... détaillée ci-après ;
» *le reste*, ainsi que l'*Eglise et la sacristie*, qui ont
» été mis à la *disposition de Mgr l'Evêque* en exécu-
» tion de la loi du Concordat, demeurant exceptés
» de la vente et réservés pour l'exercice du culte ».

Doussine transmit définitivement sa propriété de Bétharram à l'Evêque de Bayonne le 9 Juin 1809.

Nous venons d'esquisser un peu longuement peut-être, et toutefois à longs traits, l'histoire de Bétharram à l'époque où naquit le Père Garicoïts. La tristesse et le deuil planaient sur le vénéré sanctuaire : ses prêtres étaient en exil, ses terres en des mains étrangères. Sa maison, ruinée, restait encore debout comme un vieux tronc dépouillé de ses feuilles et découronné par la tempête ; son Calvaire n'existait plus qu'à l'état de souvenir ; sa Chapelle enfin, où tant d'âmes étaient venues prier, pleurer et chercher la paix, où tant de générations avaient fait retentir les louanges du Christ et de sa Mère, où tant de prêtres avaient parlé de la miséricorde divine et semé le pardon, sa Chapelle n'avait entendu, pendant dix ans, que la voix des crieurs publics, vendant à l'encan l'humble offrande des fidèles ; elle n'avait reçu d'autres visites que celles des voleurs, des sacrilèges ou des commissaires retors de l'Etat. — Mais pendant qu'elle pleurait sur ses ruines, Dieu lui préparait de nouvelles splendeurs, des splendeurs qu'elle n'avait pas connues, malgré son passé glorieux. A l'aurore du XIXe siècle, une vacillante étoile se levait à l'horizon d'Ibarre ; à mesure de son ascension dans le ciel de l'Eglise de Bayonne, son éclat allait grandir et illuminer de ses rayons très-purs le Béarn et le Pays Basque. Dieu voulait la conduire à Bétharram et l'y fixer, pour qu'elle fût à l'Eglise une lumière, aux pécheurs une consolation, au pays une espérance. — Michel Garicoïts faisait son entrée dans le monde, le 15 Avril 1797, n'ayant pour l'accueillir ici-bas que ce qu'y rencontrent les pauvres : des joies mêlées de crainte et le sourire de sa mère.

SECONDE PARTIE

Le Vénérable Michel Garicoïts

I

Le Berceau d'Ibarre

En ces temps-là, la France était dans la tourmente.
L'échafaud manœuvrait sans cesse ; l'épouvante
Régnait de toutes parts. Nul ne fuyait son sort ;
Et partout se dressait l'image de la mort.
Pourtant, dans un vallon de la Basse-Navarre,
Un enfant vient au monde au village d'Ibarre.
Pauvre petit enfant, quand tout est abattu,
Quand le ciel est si noir, toi, que deviendras-tu ?
Quand sur ton front chargé du céleste anathème
On ne peut de six mois verser l'eau du Baptême ;
Quand les temples sacrés, privés de leurs pasteurs,
N'entendent que les cris des vils blasphémateurs ;
Quand, traqué, poursuivi comme une bête fauve,
Près de ton vaillant père un vieux prêtre se sauve,
Pourquoi sourire, enfant, dans ton frêle berceau ?
Pleure plutôt ; oui, pleure, et descends au tombeau.
Mais non, ne pleure pas et vis ; près de ta couche
Veille un être adoré ; car souvent de sa bouche
Il dépose un baiser sur ton front radieux.
Vis pour ta mère, enfant ; c'est un devoir pieux.
Et dors en paix, car Dieu protège ta chaumière ;
Dors, tandis que la guerre embrase la frontière ;

Tandis que les bourreaux, vrais tigres rugissants,
Font entendre chez nous leurs féroces accents !
Dors ton plus doux sommeil, tandis qu'ailleurs on pleure,
Tandis que de sa mort chacun croit venir l'heure ;
Dors !... peut-être plus tard, quand il faudra souffrir,
Verras-tu le sommeil loin de tes yeux s'enfuir !...
Mais n'est-ce pas pour toi que les chœurs angéliques
Murmurent doucement d'ineffables cantiques ?
Comme les Séraphins, reste beau, reste pur,
Et laisse-toi bercer sur leurs ailes d'azur.
Petit enfant, pourquoi dans de si pauvres langes
Dieu te fait-il chanter par les saintes phalanges ?
Te couronnera-t-il de gloire et de vertu ?
Que voudra-t-il de toi ? Réponds-moi ; le sais-tu ?
Seras-tu faible ou fort ?... Seras-tu pasteur d'hommes
Ou pasteur de troupeaux ?... En ce siècle où nous sommes
Deviendras-tu puissant ?... Lorsque l'âge viendra,
Enfant, que seras-tu ?... L'avenir le dira ?...

II

LES SOUPIRS DU JEUNE PATRE

OU

l'Attente de la Première Communion

Drame Religieux en un acte

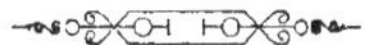

PERSONNAGES

MICHEL GARICOÏTS, *14 ans, berger chez Anghelu.*

ANGHELU, *Riche paysan d'Oneix, hameau de Garris (B.-P.)*

L'ABBÉ BARBASTE, *Curé de Garris.*

La scène se passe vers la fin du mois de mai, en 1811, à la campagne, dans un pâtis d'Anghelu, où Michel garde les troupeaux de son maître.

SUJET

Michel partit pour Oneix..., et entra comme berger dans la maison d'Anghelu.

..... Il gagna tellement l'estime de ses maîtres qu'on voulut bientôt lui tripler les gages; on lui donna trente écus et un mouton : et, à cause de ses paroles pleines de sagesse, il fut surnommé « *Docturra* », ou le petit Docteur.

Et cependant il n'avait pas encore fait sa première Communion ; mais il s'y préparait depuis longtemps. Il avait déjà conçu pour la Sainte Eucharistie une dévotion profonde... qui fut soumise à Garris à une rude épreuve. En ce temps-là, les idées jansénistes n'avaient pas disparu ; la jeunesse n'était guère admise à la participation de la divine Eucharistie qu'à l'âge de 14 ou 15 ans.... (1) Michel, poussé par un désir violent, se rend au presbytère et demande à M. le Curé s'il ne lui sera pas permis de faire encore sa première Communion....

.... Le Curé répondit à l'enfant par des paroles terrifiantes. Et cependant c'était un prêtre plein de vertu et de science, mais imbu, sans le savoir, des principes jansénistes.... A partir de ce jour, Michel devint triste et morose ; il en perdit le sommeil.... Dieu cependant le délivra de cette cruelle épreuve. Toujours préoccupé de ces idées sombres, l'enfant rentrait des champs avec son troupeau, quand tout à coup, au milieu du chemin, son cœur est inondé d'une joie céleste, et toutes ses terreurs sont changées en de tels élans d'amour, qu'il perdit

---

(1) C'était même très tôt. Nous lisons dans les *Actes du Procès* que M. Barbaste n'admit son propre neveu, à l'âge de *seize ans*, que parce qu'il était fort instruit, connaissant très bien sa religion, et avancé dans les études. — Il n'était pas rare, paraît-il, de voir des premiers communiants de 18 ans. C'était donc une grande faveur que le curé de Garris allait accorder à Michel.

de vue son troupeau, n'eut plus conscience de ses actes, et ne s'aperçut de son état, que lorsqu'il eut donné de la tête contre un mur, comme un homme pris de vin.

La première communion suivit de près l'évènement que nous venons de rapporter.

(*Vie du P. Garicoïts,* 1re édit., p. 14, 15, 16, *passim.*)

Les Soupirs du Jeune Pâtre

OU

L'ATTENTE DE LA PREMIÈRE COMMUNION

SCÈNE I

Le théâtre représente un pâtis, où l'on voit disséminé un nombreux troupeau.

MICHEL *(chante)*

Il porte l'ancien haut-de-chausses basque, la ceinture rouge, le gilet blanc, le veston bleu, le petit béret et un bâton à la main. Le col de la chemise a trois ou quatre boutons en fil de lin. — Bas noirs; sandales forme espagnole.

CHANSON DES BERGERS SUR LA MONTAGNE

LE VIEUX BERGER

Petit berger, l'espace est ton domaine;
Sur nos sommets, que fais-tu ce printemps?
Ton sort est beau; ta vie encor sans peine;
Oh! sois petit berger longtemps!

LE PETIT BERGER

Berger, dans cet immense empire,
Je vais comme l'oiseau léger;
L'oiseau léger chante et soupire,
Ainsi fait le petit berger.

LE VIEUX BERGER

Petit berger, qu'alors ta voix murmure
L'hymne des Cieux sur les riants gazons,
L'hymne surtout du Dieu de la nature
Qui donne aux brebis leurs toisons.

LE PETIT BERGER

Berger, à l'ombre du grand chêne
Je chante mon Dieu, mon pays,
Et les flots purs de ma fontaine,
Et les Anges du Paradis.

LE VIEUX BERGER

Petit berger, chante encore ta mère.
Ta voix si tendre a de chastes accents!
Sur les côteaux, là-bas, sur la bruyère,
Chante les agneaux bondissants.

LE PETIT BERGER

Berger, je chante ma famille,
Mon pré, mes fleurs et mon verger;
Quand j'ai chanté, le bonheur brille
Sur le front du petit berger.

. . . .
. . . .

(Il laisse tomber son bâton).

Et moi aussi, je suis petit berger; je chante, mais quand j'ai chanté, le bonheur ne brille pas sur mon front. J'ai beau vouloir chasser cette noire tristesse, qui empoisonne ma vie depuis un mois; mon cœur se serre chaque jour davantage, et rien désormais n'a plus pour moi de charme. Non, je ne sauterai plus de branche en branche, léger comme l'écureuil, je ne franchirai plus les distances, rapide comme l'oiseau; toute ma gaîté native, toute mon intrépidité disparaissent comme mon sommeil, car je ne suis plus heureux. Que me manquerait-il donc? Ma famille? On pense à moi là-bas, sur les côteaux d'Ibarre, dans cette blanche maisonnette où vivent tous mes amours d'ici-bas ; où souvent même on se demande avec sollicitude si le petit Michel conduit bien son troupeau dans les prairies d'Oneix et de Garris. — Et mes maîtres donc! Comme ils sont bons pour moi! Je ne suis qu'un domestique, et cependant, chez Anghelu, tout le monde me traite, je ne sais pourquoi, comme un enfant de la maison. Oui, je serais heureux si cette parole de M. le Curé ne retentissait pas toujours à mes oreilles : « Tu n'as pas l'âge, Michel, tu es trop petit!... Il est si difficile d'approcher de Notre-Seigneur! » Pourquoi donc ai-je fait cette démarche? Du moins je vivrais d'espérance, tandis que je suis réduit à vivre maintenant de crainte, moi qui ai besoin d'aimer et de rafraîchir mon âme à des sources divines... Bonne Vierge Marie, vous qu'on dit si douce et si compatissante, quand donc exaucerez-vous les vœux de votre enfant?.... Oh! ce chagrin!... ce chagrin!.... qui me fait souvent pleurer de longues heures! Mais quand j'ai longtemps versé des larmes, je ne sais comment mon cœur s'embrase, et comment, malgré moi, je me mets à chanter.

(Il chante).

Oh! que je t'aime! ô Jésus! mon amour!
Quand viendras-tu visiter ma pauvre âme?
Quand viendras-tu me brûler de ta flamme?
Heureux l'enfant pour qui luit ce beau jour!
Oh! que je t'aime! ô Jésus! mon amour!
Mon amour! mon amour!

Et toi, Vierge Marie,
Que chaque soir, j'implore en ce beau mois,
Exauce enfin mes vœux, ô Mère, je t'en prie,
Car vivre sans Jésus, c'est mourir mille fois.

Oh ! que je t'aime ! ô Jésus ! mon amour !
Quand viendras-tu visiter ma pauvre âme ?
Quand viendras-tu me brûler de ta flamme ?
Heureux l'enfant pour qui luit ce beau jour !
Oh ! que je t'aime ! ô Jésus ! mon amour !
Mon amour ! Mon amour !

En chantant ces deux derniers vers, il se dirige lentement à droite, vers le coin du théâtre, les bras étendus, puis les mains jointes, les yeux au ciel, comme en un ravissement divin. Au dernier *Mon amour,* il disparaît derrière la coulisse.

SCÈNE II

ANGHELU *(seul)*

Costume : Haut-de-chausses en velours noir, gilet blanc avec ceinture rouge ; ancien veston basque et chapeau plat ; makila, bas noirs, sandales.

Il est entré à gauche, pendant le chant de la dernière strophe. Il regarde Michel très attentivement.

Il est toujours avec le bon Dieu, ce cher enfant. Quelle bénédiction pour nous, tant qu'il nous sera permis de le garder ! Il soigne mon troupeau de brebis comme pas un berger du pays basque. Mais le chagrin le mine depuis quelque temps. Lui, si joyeux, si éveillé, si fort, si intrépide, semble avoir perdu sa gaîté, son ardeur, sa vaillance. Il maigrit à vue d'œil, car il ne mange et ne dort plus. La première communion est l'objet constant de ses pensées; et, ne pouvant la faire encore, il chante tous les jours ce petit cantique qui semble l'enlever à la terre et le faire vivre au ciel avec les anges que je crois vraiment ses frères. — Mais, appelons-le.... Michel!

SCÈNE III

ANGHELU — MICHEL

MICHEL *(avec empressement)*.

Maître! — *(D'un air étonné)* Vous voilà!

ANGHELU

Oui, mon enfant; que fais-tu par là?

MICHEL

Je ne le sais pas trop! J'ai chanté, j'ai prié, j'ai rêvé, et j'allais maintenant ramener les brebis, car il commence à se faire tard.

ANGHELU *(d'un ton plaisant)*

Comment! tu as chanté! tu as prié! tu as rêvé! tu rêves donc toujours!

MICHEL *(souriant tristement)*

Eh! que faire dans les prés, à moins que l'on ne chante, que l'on ne prie, que l'on ne songe?

ANGHELU *(plaisantant encore)*

Allons ! toujours le même ! Ce n'est pas sans cause, je le vois, qu'on t'appelle le *petit docteur*. — Comment as-tu passé la journée ?

MICHEL

Très-bien, maître. — J'ai couru, j'ai sauté, je me suis surtout amusé longtemps avec les agneaux. Voyez comme ils sont devenus forts !.... Ils bondissent, ils folâtrent avec une vigueur sans égale. C'est un plaisir de les voir, et depuis que le souffle de Mai a passé sur leurs têtes, ils ont encore, dirait-on, quelque chose de plus gracieux.

ANGHELU

C'est vrai ; je reconnais tes soins, et vois que je puis me reposer avec confiance sur toi. Le troupeau prospère ; s'il continue, il aura bientôt doublé de valeur. — *(Souriant)*. A propos, (1) quand vas-tu partir pour la montagne ?

MICHEL

Quand il vous plaira, maître.

ANGHELU

L'herbe pousse avec force sur les plus hauts sommets ; les brebis y disparaîtront. — J'ai déjà

(1) Les traits qui suivent ne se rapportent pas directement au sujet, mais on a cru pouvoir les insérer dans le but de faire connaître le caractère de cet enfant, aussi gai qu'intrépide, aussi énergique et dévoué qu'innocent et pieux. L'homme mûr était déjà en germe dans l'enfant.

fait restaurer la cabane et le bercail; on n'attend plus que le berger et le troupeau.

MICHEL

Le berger et le troupeau sont prêts; dans trois jours, nous sommes rendus aux nouveaux pâturages.

ANGHELU *(toujours d'un ton plaisant)*

Tu seras fier, je pense, de respirer l'air pur de la liberté, de courir de montagne en montagne et de grimper au haut des pics. — Te feras-tu manger par les vautours, comme cela faillit t'arriver autrefois, quand tu gardais les brebis de ton père?

MICHEL

C'était pour m'amuser, et non pour me faire manger, que je luttais avec eux.

ANGHELU

Mais comment les attirais-tu?

MICHEL

Rien de plus facile. Je me mettais en vue sur une éminence; et là, couché, rapetissé, pelotonné, je faisais le mort; les vautours approchaient, mais alors le bâton se mettait en branle, et rien n'était intéressant comme de voir ces oiseaux voraces, si intrépides devant un mouton gisant à terre, fuir devant un enfant.

ANGHELU

Au moins il faudra prendre garde de ne pas te fracturer quelque jambe. Tu as trop de sang basque dans les veines ; tu es trop hardi, tu n'as peur de rien. Ne fais pas comme jadis ; tout en voulant contempler le coucher du soleil sur la haute montagne, tu pourrais disparaître dans quelque précipice et nous plonger dans la désolation.

MICHEL

Maître, ce n'était pas le soleil que je voulais voir, c'était le ciel. Je croyais alors que le haut de la montagne touchait au paradis. Et moi, pour satisfaire les désirs d'un cœur de sept ans, pour toucher de ma main ce ciel où nous irons un jour, je grimpai promptement jusqu'au sommet. Mais hélas ! le ciel était encore plus loin ! Alors je montai sur la cîme d'un pic croyant atteindre enfin le but de mes désirs. Vain espoir ! le ciel ne fut point là, et la nuit m'y surprit. Je m'endormis toutefois d'un paisible sommeil, et le lendemain, je redescendis quelque peu confus de n'avoir pas touché le pays du bon Dieu.

ANGHELU *(riant)*

Allons, Michel !... tu me racontes ton aventure avec autant d'ardeur que si elle datait d'hier. Est-ce que les cerisiers que tu as dévalisés t'ont produit la même impression ?

MICHEL *(d'un air gracieux)*

Pas cette année, car tout est vert encore. Mais je ne pensais guère aux beaux spectacles de la nature, quand, une fois, je saisis la cîme d'un de ces arbres, et la faisant fléchir sous le poids de mon corps, je fus en un clin d'œil à terre. L'arbre était découronné. — Comment ne me suis-je pas tué ?

ANGHELU

Tu as été et tu seras toujours un ravageur, un vrai salpêtre. Tu préludais bien, je le vois, quand au jour de ton baptême, tu commençais déjà ton métier, en déchirant sans miséricorde les feuillets du Rituel du bon vieux prêtre de Hosta. — As-tu déchiré aussi ton catéchisme ?

MICHEL

Oh ! le catéchisme, non ! — Passe pour les branches du cerisier ou pour les feuillets du vieux livre ! Mais le catéchisme, jamais ! Ma mère m'a dit en me le donnant : Michel, soigne le, c'est le livre du bon Dieu !

ANGHELU

Sais-tu la leçon qu'on t'a marquée ?

MICHEL

Oui, maître ; j'ai vu aujourd'hui les derniers chapitres, et repassé la première partie.

ANGHELU

Tu marches plus vite que ne l'exige M. le Curé. Pourquoi tant te presser ?

MICHEL

Pour connaître le bon Dieu, ce n'est jamais trop tôt !

ANGHELU

(Souriant) Allons, *petit docteur !* — *(Sérieux)* Oui, mon enfant, pour connaître le bon Dieu, ce n'est

jamais trop tôt ; mais tu ne feras sans doute ta première communion que dans ces deux ou trois ans. En attendant, sois toujours honnête et dévoué, comme tu l'as été jusqu'aujourd'hui ; continue d'être sage et pieux ; tu seras béni. — Mais toi, si ouvert d'ordinaire pour moi, tu me caches cependant quelque chose. Je le lis sur ton front. Tu es soucieux ; malgré ta gaîté apparente, tu as du chagrin. Qu'est-ce donc, mon enfant ? Voilà un quart d'heure que je cherche à te dérider ; tu souris, mais c'est avec contrainte. Parlons sérieusement ; qu'as-tu ?

MICHEL (*triste*)

Maître, vous le savez !

ANGHELU

(*A part*) Je le sais bien, pauvrot ! — (*Haut*) Mais non, qu'est-ce ? T'a-t-on fait de la peine chez nous ?

MICHEL (*vivement*)

Oh ! non, maître ; vous êtes si bon, si bon pour le pauvre Michel, que j'en suis confondu... Mais moi...

ANGHELU

Eh bien, toi ! tu es triste !..... As-tu par hasard quelque fâcheuse nouvelle d'Ibarre ?

MICHEL

Non, maître ; les dernières sont celles que grand'mère nous apporta, quand elle vint dernièrement à Garris pour parler à M. le Curé.

ANGHELU

Elle nous dit, en effet, que tout le monde allait très bien. Je sais, de plus, que ton père songe à toi. Pour agrandir son bien, il compte sur ton bon cœur et sur la force de tes bras. Est-ce qu'au moins, par hasard, cette pensée te préoccupe ?

MICHEL

Non, maître ; je ferai ce que voudra mon père, surtout dans les nécessités où la famille se trouve ; mais croyez que cela ne me préoccupe pas, que je ne m'ennuie nullement chez vous, car nul maître...

ANGHELU *(interrompant)*

Je comprends, mon enfant ; tu es content de moi, mais moi aussi, je suis content, très content de toi. Dès que tu auras tes quatorze ans passés, je veux tripler tes gages ; j'ai promis à ton père, pour ton service, trente écus et un mouton, tu auras désormais quatre-vingt-dix écus et trois moutons. Cela te fait-il plaisir ?

MICHEL

Maître, je ne mérite pas tant de bonté de votre part, et je ne sais, je vous assure, comment vous témoigner ma reconnaissance. Mais si vous croyez devoir récompenser si généreusement mes humbles services, ne pourriez-vous pas ?..... *(Il hésite et s'arrête.)*

ANGHELU

Que veux-tu dire, mon enfant ? Que signifie cette réticence ?

MICHEL

Je n'ose pas le redire !

ANGHELU

Va toujours ! — Ne crains rien. — Qu'est-ce ?.. Cette peine !... Voyons ?

MICHEL

Vous le savez !..... (*Joignant les mains.*) Voyez-vous..... je voudrais tant faire ma première communion !

ANGHELU

(*A part.*) Je le sais bien ! — (*Haut.*) Quoi ! c'est là le motif de ton chagrin ? Mais ne sais-tu pas que M. le Curé n'admet à la première communion que ceux qui ont au moins *seize* ans ? Et encore doivent-ils être très sérieusement instruits ! Tu résisterais, je crois, à l'examen le plus sévère du catéchisme, mais tu n'as pas encore quatorze ans. Et M. le Curé ne t'admettra jamais si jeune. Du reste, ne t'a-t-il pas donné une réponse négative, quand un jour tu as eu le courage de l'aborder pour lui faire cette demande ?

MICHEL

C'est ce refus dont je ne puis pas me consoler.

ANGHELU

Vois, mon enfant, M. le Curé a pesé toutes les raisons, avant de te le donner. C'est un prêtre excellent, très éclairé, très grave et très pieux. Il faut donc t'en remettre à sa décision et attendre avec patience.

MICHEL

Maître, ce sera bien long, si je dois attendre deux ou trois ans encore. Voyez-vous, j'ai là (*il porte la main au cœur*) quelque chose qui me brûle ; je ne puis pas attendre, moi ; j'ai besoin, je ne sais pas pourquoi, mais j'ai besoin de Dieu. M. le Curé vous aime ; si vous lui demandiez cette faveur, il vous l'accorderait.

ANGHELU

M. le Curé a des principes avec lesquels il ne transige pas. Si je vais lui faire cette demande, il en aura de la peine, car il ne comprendra pas cette insistance. Après tout, rien ne presse.

MICHEL

Vous aussi, maître, vous m'abandonnez ?

ANGHELU

Non, mon enfant, je ne t'abandonne pas ; mais ne crains-tu pas de tenter le bon Dieu ?

MICHEL

Eh quoi ! le bon Dieu n'est-il pas content de se donner à ceux qui veulent l'aimer ?

ANGHELU

(*Souriant*) Allons, *petit docteur*, tu dois avoir toujours raison, toi. — (*Sérieux*) Ce que tu dis est vrai ; mais comprends-tu bien ce que tu demandes ? Toutefois, puisque tu le désires, j'irai voir M. le Curé ; je lui parlerai, je lui demanderai d'avancer pour toi l'époque de la première communion, — (*souriant*) — et, s'il me l'accorde, nous ferons fête ce jour-là. J'inviterai ton père, ta mère, et aussi la vieille grand-mère. Tu seras content, n'est-ce pas ?

MICHEL (*rayonnant de joie*)

Dites-vous vrai ?

ANGHELU

J'ai promis. — Je ne sais pas comment tu t'y

prends, mais tu finis toujours par me gagner. J'irai donc voir M. le Curé. En attendant, ne t'inquiète pas et occupe-toi de ton catéchisme et de ton troupeau. Je vais visiter la propriété voisine ; dans un instant, je serai de retour. Sois bien sage et continue à chanter. Dès ce soir, j'irai à Garris.

(Il sort par le côté gauche.)

SCÈNE IV

MICHEL *(seul)*

Dès ce soir !... Est-ce un rêve ?... Oh ! bien sûr, M. le Curé n'osera pas lui dire non. Il est si bon, Anghelu, et M. le Curé a pour lui tant d'estime ! — Mon Dieu ! mon Dieu ! ce sera donc bientôt !..... Disparaissez, ô jours qui me séparez du plus beau de mes jours ! Disparaissez, tristesse qui oppressez mon âme ! Crainte qui étouffez ma voix, qui arrêtez mes élans ! Disparaissez, disparaissez !... O joie ! ô bonheur ! ô amour ! *(Portant la main à son cœur.)* Quel feu !

(Il chante) (1)

Oh ! que j'aspire après toi, mon Jésus !
Viens pour toujours t'emparer de mon âme !
Je suis à toi ; tout en moi le proclame.
Oh ! ne nous quittons plus !

Viens dans ce cœur, qui ne veut que de toi !
Viens dans ce cœur, qui pour toi seul respire !

(1) Voir musique page III.

Viens, ô Jésus, viens cesser mon martyre !
Sois à jamais mon Roi !

A ce moment, une musique céleste se fait entendre ; elle accompagne doucement le *parlé* qui suit.

Mais qu'entends je?... Mon Dieu, mon Dieu, quelle [harmonie
Remplit en ce moment les airs !...
C'est des Anges du ciel la douce symphonie !...
C'est Jésus !... écoutez !... Quels accents !... Quels [concerts !...

Ses yeux se fixent sur un point déterminé comme s'il apercevait l'Enfant Jésus. Il avance graduellement jusqu'à la rampe du théâtre.

Aimable Enfant, mon Dieu, mon Tout, je te salue !
Pauvre petit berger, je rêve du grand jour !...
Tu vois... Depuis longtemps mon âme est résolue
A te donner tout son amour.

Tu sais parler au cœur ; tu sais par ton sourire
Dissiper ma tristesse et réveiller mes chants ;
En retour, bon Jésus, permets-moi de te dire
Mes soupirs et mes vœux ardents.

Viens, vole dans mes bras, console ma misère !
Toi seul es mon espoir, toi seul es mon bonheur !
La terre, tu le sais, déjà m'est étrangère ;
Viens donc reposer sur mon cœur.

Ce que je puis avoir, Enfant, je te le donne ;
De ce monde enchanteur j'ignore les plaisirs ;
En échange d'amour, je veux une couronne,
La couronne de tes martyrs.

Si j'aspire trop haut, si ce n'est qu'un beau rêve,
Je te demande au moins un cœur selon ton cœur ;

Car je veux travailler sans repos et sans trêve,
A te servir avec ardeur.

Je ne crains ici-bas ni douleur ni détresse,
Si je sais te bénir, si je puis te chanter ;
Donne-moi seulement, mais donne-moi sans cesse
Le plaisir si doux de t'aimer.

Effacé comme toi, *dévoué* pour ta gloire,
Je veux, ô mon Jésus, dans un amour *constant*,
Comme l'*humble* soldat, lutter pour ta victoire,
Toujours *caché*, toujours *content*.

(*Il chante encore*)

Viens dans ce cœur, qui ne veut que de Toi !
Viens dans ce cœur, qui pour Toi seul respire !
Viens, ô Jésus, viens cesser mon martyre :
Sois à jamais mon Roi !

La symphonie recommence. — Parlé. — Michel a l'air d'un voyant.

J'entends encor des cieux les tendres symphonies !...
Je vois les harpes d'or !..... les luths des séraphins !.....
Anges, recommencez sur vos lyres bénies,
Recommencez vos chants divins !

Donnez-moi, donnez-moi les ailes de l'Aurore
Pour voler vers Jésus, l'objet de mes désirs !...

La symphonie va decrescendo comme si elle s'éloignait peu à peu.

Oh ! ne fuyez donc pas !... c'est moi qui vous implore...
Restez !... Car voyez-vous, le souffle des zéphyrs
Porte toujours mes vœux à Celui que j'adore,

Et la brise du soir peut lui redire encore,
Comme l'aube du jour, l'ardeur de mes soupirs !

En récitant ce qui suit, il recule peu à peu jusque vers le fond du théâtre, du côté droit des coulisses. — Son visage marque l'étonnement et l'effroi.

A mes sens étonnés, quel avenir s'explique !...
Prêtre !... Moi, si petit !... Bétharram !... L'Amérique !...
Tes fils, ô divin Cœur, volent en Orient !...
Oh ! que mon œil s'égare !...
Que mon cœur est brûlant !...
Quel transport inconnu de mon âme s'empare !...
C'est trop, mon Dieu, c'est trop pour le berger d'Ibarre !
C'est trop pour votre enfant !

La symphonie, de plus en plus douce, finit avec le dernier vers. En récitant la fin de cette dernière strophe, Michel s'éloigne en toute hâte, comme épouvanté de ce qu'il vient de voir et va butter de la tête contre un mur.

SCÈNE V

ANGHELU. — M. BARBASTE, *Curé de Garris.*

Anghelu et M. Barbaste sont entrés sur la scène, à gauche, pendant la récitation de la prophétie ; ils écoutent avec attendrissement. Dès que Michel est parti, Anghelu prend la parole)

ANGHELU

Je vous le disais, M. le Curé, cet enfant n'y tiendra pas. Si vous n'accédez à ses désirs, il mourra de chagrin. Voyez-vous, il ne dort plus, il ne mange plus, depuis que vous lui avez représenté, en un terrifiant langage, la grandeur de Jésus-Christ, la petitesse de l'homme, et les nombreux moyens à employer pour s'éprouver soi-même, avant de recevoir Notre-Seigneur dans son divin Sacrement.

LE CURÉ

Mon cher Anghelu, je ne pensais pas que mes paroles pussent avoir une si pénible influence sur un enfant de cet âge. Je lui ai dit ce que je dis à tout le monde, ce que je dis à la jeunesse qui fréquente les catéchismes. Toutefois certaines choses m'ont grandement surpris en lui; malgré les occupations que vous lui créez, il sait parfaitement sa leçon d'instruction religieuse et n'oublie aucune de mes explications. C'est pour cela que je l'ai nommé *Moniteur*. Et puis, avec cette gaîté, cet entrain, ce tempérament de feu, quelle angélique piété!

ANGHELU

Oh! pour çà, Michel est un ange; nous aimons à l'entendre réciter la prière, et à voir mes enfants se ranger autour de lui, comme s'il était leur frère aîné.

LE CURÉ

Qui sait si le bon Dieu n'a pas des desseins sur lui? Mais humainement cela me paraît impossible. Issu d'une humble famille de paysans, il n'ira jamais sans doute plus loin que son domaine d'Ibarre. Cependant sa récente démarche m'a étonné. Sous une timidité naturelle à son âge, j'ai vu un caractère: « Monsieur le Curé, me dit-il, me sera-t-il permis de faire bientôt ma première Communion?

ANGHELU

Il a dû se sentir bien poussé par son ange, pour se résoudre à venir; car malgré son air décidé, il vous redoute extrêmement.

LE CURÉ

Pauvre cher enfant!... Après cette demande inattendue, je lui repartis : — Mais quel âge as-tu ? — Quatorze ans, répliqua-t-il avec naïveté ; — l'âge d'offenser le bon Dieu et par conséquent aussi celui de l'aimer. — On m'avait déjà dit que vous l'appeliez le petit Docteur. Ces dernières paroles me prouvèrent que le mot était bien choisi. — Mais, mon cher Anghelu, les usages sont là. Il faut au moins seize ans. Et puis, si je fais une faveur pour lui, que diront tous nos gros paysans de Garris et d'Oncix, dont les fils ne seront certainement pas admis avant l'âge voulu ? Sans doute Michel est le premier élève du catéchisme ; sans doute, c'est un enfant de bénédiction ; mais la prudence...

ANGHELU (*l'interrompant*)

Quelle prudence, cher Monsieur le Curé?... ces deux faits que vous mettez en avant ne méritent-ils pas une considération sérieuse?

LE CURÉ

Mon ami, vous avez peut-être raison ; du reste, je crains que nous ne soyons trop d'accord ; car, laissez-moi vous le dire, je ne sais ce qui se passe en moi, quand je vois cet ange à l'église et que je l'interroge. Michel est plus qu'un enfant ordinaire ; il y a du surnaturel dans ce cœur innocent, que j'aime comme il doit aimer lui-même les anges du Paradis...

ANGHELU (*vivement*)

Puis-je donc espérer...

LE CURÉ (*l'interrompant*)

.... Ce que nous venons de voir tout à l'heure achève presque de me convaincre. Je bénis le bon Dieu qui a conduit mes pas jusqu'ici pour être témoin de ce ravissement céleste. Anghelu, vous êtes heureux de posséder ce trésor.

ANGHELU

Et j'entends le garder, au moins tant qu'il voudra lui-même. — Puis-je donc croire que Michel a triomphé de vous?

LE CURÉ

Mon cher ami, je sens deux hommes en moi. Mon cœur dit oui, ma raison dit non.

ANGHELU

Jamais, je vous assure, vous n'aurez à vous reprocher d'avoir, en cette circonstance, cédé au cœur plutôt qu'à la raison.

LE CURÉ

Nous allons voir. Je me défie un peu de moi; mais n'importe, nous déciderons. Je veux interroger l'enfant. Où est-il?

ANGHELU

Il sera sans nul doute avec le troupeau. Tenez, voyez-le..... mais on dirait qu'il s'est fait mal..... (*Il appelle*) Michel !.....

SCÈNE VI

LE CURÉ — ANGHELU — MICHEL

MICHEL

Il arrive en courant et joyeux ; mais à la vue du Curé, il se rapproche d'Anghelu avec une certaine timidité.

Me voici, Maître ! — *(Regardant le Curé et tirant son béret)* Bonsoir, Monsieur le Curé.

LE CURÉ

Bonsoir, mon enfant. *(Il lui remet le béret sur la tête.)* Tu gardes le troupeau ?

MICHEL

Oui, Monsieur le Curé ; mais, en ce moment, je me disposais à le ramener, car il commence à se faire tard.

ANGHELU

Et qu'est-ce que tu as au front ? Tu n'avais pas cela quand je t'ai quitté tout à l'heure.

MICHEL *(souriant)*

Je ne sais pas... Je me suis heurté au mur.

LE CURÉ *(d'un ton plaisant)*

Au mur ? Comment cela ? Ce n'est pas ton habitude d'être ainsi maladroit.

MICHEL

Voyez-vous, Monsieur le Curé, je ne sais pas ce

que j'ai depuis tantôt. Ma tête a tourné un moment comme...

ANGHELU (*riant*)

Comme celle d'un vrai Basque après de copieuses libations ?

MICHEL

C'est cela; puis j'ai cru voir je ne sais quoi, et je n'ai repris mes sens qu'après avoir donné contre les pierres un solide coup de tête.

LE CURÉ (*souriant*)

A quoi donc pensais-tu ?

MICHEL

Oh ! vous le savez bien !

LE CURÉ

Je le sais ?

MICHEL

Oui, oui, depuis un mois.

LE CURÉ

Depuis un mois?... J'ai oublié...

MICHEL

Oh! que non!... *(Il s'arrête, puis joignant ses mains et d'un ton suppliant.)* Voyez-vous, Monsieur le Curé, je vous en supplie ; ma première communion...

LE CURÉ (*simulant l'étonnement*)

Ah! ta première communion! C'est de cela que tu voulais parler? Mais ne songes-tu pas que tu as à peine quatorze ans ?

MICHEL

N'est-ce pas assez pour se donner à Dieu ?

ANGHELU (*avec bonhomie*)

Je vous le disais, Monsieur le Curé, c'est un petit docteur.

LE CURÉ (*moitié souriant*)

(*A Anghelu*). J'entends. — (*A Michel*). Mais ne crains-tu pas de le tenter en insistant comme tu fais ?

MICHEL

Dieu n'est-il pas un père ? et ne suis-je pas son enfant ? Comment un père peut-il repousser son enfant, quand cet enfant veut à tout prix se jeter dans ses bras ? — Que de fois ne nous avez-vous pas répété dans vos sermons : Si le fils demande du pain à son père, le père lui jettera-t-il un scorpion ?

ANGHELU (*d'un ton plaisant*)

(*Au curé*). Il plaide bien sa cause. — (*A Michel*). Tu n'as pas besoin de moi, va !

MICHEL

(*S'avançant vivement vers le Curé, de manière à se trouver entre ce dernier et Anghelu*). Eh bien ! je vous demande, moi, je vous supplie de me donner ce Pain, le Pain des Anges ; j'ai faim et soif du bon Jésus ; je serai sage, je serai laborieux, je serai plus vigilant, je serai tout ce que vous voudrez ; mais de grâce, accordez-moi.....

(*Le Curé le regarde et réfléchit.*)

ANGHELU

Monsieur le Curé, je vous en prie, accordez.....

LE CURÉ

Dis-moi, mon enfant, que t'est-il arrivé depuis ta visite au presbytère ?

MICHEL

Oh ! rien, Monsieur le Curé ; seulement je ne sais pas ce que j'ai ; je ne dors pas, je ne mange pas ; mais depuis un quart d'heure, je suis comme hors de moi ; quelque chose me dit que mes vœux vont être exaucés.

LE CURÉ *(souriant)*

Tu veux donc aimer le bon Dieu ?

MICHEL

Oh ! oui, de tout mon cœur.

LE CURÉ

Mais comment veux-tu l'aimer ?

MICHEL

Je ne sais pas, moi ; mais je veux l'aimer, je veux le faire aimer aujourd'hui, demain, toujours !

LE CURÉ *(d'un ton de plus en plus gracieux)*

Oh ! oh ! tu parles comme si tu étais déjà grand, déjà prêtre.

MICHEL *(de plus en plus confiant)*

Qui sait ?... Mais ma première communion ?

LE CURÉ

Eh bien ! que dois-je répondre ?

ANGHELU *(d'un air joyeux)*

Michel, ta cause est gagnée.

LE CURÉ

Oui, mon enfant, ce sera dans quinze jours, pour la fête du Sacré-Cœur !

ANGHELU

Et puis tu partiras pour la montagne où tu pourras contempler le soleil et le ciel.

MICHEL (*comme hors de soi*)

Oh ! merci ! merci ! Que vous êtes bon ! Que je suis heureux ! Merci, mon Dieu ! Merci, ma Mère ! ô joie ! ô bonheur ! ô débordement de mon âme ! Que n'ai-je les accents des Séraphins pour vous chanter, ô Cœur, roi de tous les Cœurs ! O brasier ! ô abîme ! ô charité ! ô charité ! Et que m'importe maintenant la vie ! Je crois, j'espère, j'aime !

TRIO CHANTÉ (1)

MICHEL. — ANGHELU. — LE CURÉ

Michel	Me	Voici, Cœur divin ! qu'à jamais	je	te serve !
Les deux autres	Le		il	
M.	Me	Voici ! ce sera, tu le sais, sans retour !		
L. a.	Le			
M.	Me	Voici sans retard !	Me	Voici sans réserve !
L. a.	Le		Le	
M.	Me	Voici par amour ! par amour ! par amour !		
L. a.	Le			
		Oui, par ton seul amour !		

(1) Voir musique page IV.

MICHEL

Je crois en toi, c'est mon plus beau partage.
J'espère en toi, j'espère en ta bonté.
Règne sur moi, mon Jésus, d'âge en âge,
Dans le temps et l'éternité.

TRIO FINAL

Michel { Me
Voici, Cœur divin ! qu'à jamais { je / il } te serve !
Les deux autres { Le

M. { Me
Voici ! Ce sera, tu le sais, sans retour !
L. a. { Le

M. { Me
Voici sans retard ! { Me / Le } Voici sans réserve !
L. a. { Le

M. { Me
Voici par amour ! par amour, par amour !
L. a. { Le

Oui, par ton seul amour !

Michel tient les bras élevés et les yeux fixés au Ciel, tandis que le Curé et Anghelu contemplent l'enfant.

On baisse la toile.

III

Les Vœux du nouveau Prêtre

(**Grand chœur**) (1)

Reste en mon cœur, qui ne veut que de toi !
Reste en mon cœur, qui pour toi seul respire !
Reste, ô Jésus, pour cesser mon martyre !
Reste à jamais mon Roi !

1er SOLO

Ce que je puis avoir, Seigneur, je te le donne ;
De ce monde à jamais j'ai quitté les plaisirs ;
Comme jadis enfant, je veux une couronne,
La couronne de tes martyrs.
Reste en mon cœur, etc.

2e SOLO

Effacé comme toi, *dévoué* pour ta gloire,
Je veux, ô mon Jésus, dans un amour *constant*,
Comme un *simple soldat*, lutter pour ta victoire,
Toujours caché, toujours content !
Reste en mon cœur, etc.

(1) Voir la musique page v.

IV

Le Vénérable — Son Portrait

Quand Dieu veut relever le monde et le réchauffer au contact de son Cœur divin, il fait germer de siècle en siècle des Congrégations religieuses, destinées à répandre son règne et à entretenir le feu qu'il est venu lui-même apporter sur la terre. A l'heure marquée par la Providence, l'œuvre apparaît au grand jour, tantôt avec l'éclat du Thabor, tantôt avec la pauvreté de Nazareth et les douloureuses convulsions du Calvaire. — Cette œuvre s'incarne dans un homme, choisi de Dieu pour en être le fondateur, pour lui donner une forme, un esprit, un cachet propre. Et quand l'Eglise met sur la tête de ce premier instrument de la volonté d'en haut la couronne des saints, on peut croire que son œuvre est vraiment inspirée et qu'elle a été suscitée pour faire valoir une portion du champ du père de famille.

Telle est, ce semble, la destinée de la Congrégation des Prêtres du Sacré-Cœur de Bétharram ; telle aussi, celle de son Vénérable fondateur.

I

Lorsque, en 1834, le P. Garicoïts (1) résolut de fonder une société religieuse dans cette même maison de Bétharram, qui avait autrefois abrité les vénérables Chapelains du Sanctuaire, puis les Séminaristes du diocèse de Bayonne, il avait 37 ans, âge où l'homme est dans la plénitude de sa force, de son intelligence et de sa volonté.

Sa taille, élevée au-dessus de la moyenne, s'harmonisait en de superbes proportions avec des

---

(1) **Sommaire Biographique.** — Michel Garicoïts naquit, pendant le Directoire, le 15 avril 1797, à Ibarre, en plein pays basque, d'une famille de petits paysans, dont le toit avait abrité, aux jours mauvais de la Révolution, les prêtres fidèles à leur foi.

C'est de là que son père les conduisait en Espagne, c'est là qu'il les ramenait.

Pour ne pas recevoir la bénédiction nuptiale des mains d'un prêtre schismatique, il avait passé la frontière avec son épouse pour contracter mariage sous les yeux d'un Confesseur de la foi. Aussi Dieu bénit-il ces époux pieux, car Michel fut le premier fruit de leur union.

L'enfant n'est baptisé que six mois après sa naissance, à Hosta (*Vie du P. Garicoïts*), — à Ostabat (dit l'abbé Haristoy, p. 341, t. I, des *Hommes illustres du pays Basque*), — dans la maison Ordoki, d'Ibarre, assure une tradition locale, par un vénérable vieillard, revenu d'Espagne. L'acte de Baptême n'a pas été retrouvé ; il paraît que Mgr d'Astros fit faire une information canonique à ce sujet, à l'époque des ordinations du vénéré Fondateur.

En 1801, témoin de la réouverture des Eglises, Michel manifeste le désir d'être prêtre : il avait 4 ans ! — A 5 ans, il disait la messe, qu'il se faisait servir par son frère Paul et un petit voisin. La vieille armoire de famille garde quelques épaules fortement arrondies, dont la vigoureuse carrure lui donnait des airs d'hercule. De là, des muscles puissants et redoutables, une force physique peu commune, qu'il dépensa généreusement aux rudes labeurs de la campagne, sans jamais s'abandonner, sauf une fois, aux ardeurs belliqueuses, si naturelles à la jeunesse. Encore fut-ce par charité.

C'était en 1815, à St-Palais. Les passions politiques occasionnaient, comme aujourd'hui, des querelles

---

traces des brûlures qu'y ont imprimées des bouts de chandelle de résine.

Dès l'âge de 6 ou 7 ans, il commence à garder le troupeau paternel. A cet âge encore, il fréquente, quand il le peut, l'école d'Ernaut-Chaharra (Arnaud, dit le Vieux), catéchiste de la section d'Ibarre.

En 1808, à 11 ans, il en sait autant que lui ; aussi est-il extraordinairement choisi par le curé de St-Just, pour faire la première communion ; mais la peur d'un sacrilège l'amène chez le curé, qui dès lors ne donne pas suite à son dessein.

De 1810 à 1813 probablement, il est placé comme domestique à Oneix (en basque Unhass), hameau de Garris, chez Anghelu (en basque Anguelua) ; c'est pendant sa domesticité qu'il fait, en 1811, sa première communion.

Connaissant l'innocence de Michel, M. Barbaste, alors curé de Garris, n'hésite pas à faire de cet enfant, déjà grand, le compagnon de son neveu, le petit Armand Ségalas, le futur supérieur de St-Palais, né en 1806.

Se sentant irrésistiblement appelé au sacerdoce, Michel invoqua la Sainte Vierge, puis s'adressa à sa mère, laquelle en parle au père, mais le père déclare que cela est impossible. Bientôt la grand'mère, la vieille fermière d'Ordoki (voir note suivante), Catherine Etcheverry, fait un nouvel assaut et triomphe des résistances paternelles.

Après un court séjour à Ibarre, Michel, âgé de 16 ans, entre comme externe au collège de St-Palais et se retire chaque soir, à Oneix, chez son ancien maître. Celui-ci, obligé de loger un certain nombre de soldats à cause de la guerre et des rixes jusque dans les simples hameaux. « Remarquant, un soir, un de ses condisciples, maltraité, battu par ses adversaires qui abusaient de la force du nombre, il tomba sur ces derniers, et les jeta pêle-mêle les uns sur les autres. » (*Vie*, 1re édit. p. 28).

Ses bras nerveux lui permettaient de manier avec aisance les instruments les plus pénibles ; il piochait ferme, comme un *massacre*, selon sa

---

d'Espagne, ne peut pas le garder longtemps, mais le curé de St-Palais, M. de Borda, sauvé autrefois par Arnaud Garicoïts, prend le fils à son service, avec promesse de lui faire continuer ses études.

De 1815 à 1818, nous le trouvons comme domestique, à l'Evêché de Bayonne. Pour l'y faire entrer, M. de Borda s'était adressé à M. Eyhérabide, curé de St-Just avant la Révolution, et vicaire général de l'Evêque de Dax pour les pays de Mixe et d'Ostabarès. Ce dernier avait probablement bénéficié de la généreuse hospitalité de la famille Etcheverry-Garicoïts à l'époque de la Terreur.

Michel suit les cours de l'abbé Dargagnarats.

— De 1818 à 1819, il fait sa philosophie à Aire.

— De 1819 à 1821, sa théologie à Dax.

De 1821 à 1823 (Décembre), nous le voyons professeur au Petit Séminaire de Larressorre. M. Claverie, le supérieur, « avait posé comme condition de son acceptation, la faculté de s'adjoindre M. Garicoïts ».

— Il est ordonné prêtre en Décembre 1823.

En Janvier 1824, Mgr d'Astros l'envoie comme vicaire à Cambo, où il a toute la charge pastorale à cause des infirmités du vieux curé de la paroisse, M. Hardoy. Longtemps après on l'appelle encore le saint Vicaire.

— Au mois d'Octobre 1825, le même Mgr d'Astros le nomme professeur de philosophie et économe au grand Séminaire de Bétharram, avec charge officieuse de supérieur, dont il aura, du reste, le titre en 1828, à l'âge de 31 ans.

— Bienveillant pour les personnes, ferme et inexorable contre les abus, il eût, dit-on, à souffrir des confrères et propre expression, sans presque ressentir aucune fatigue, et pouvait allègrement, quand il alla commencer, comme externe, ses études à St-Palais, porter d'Ibarre à Oneix, l'espace d'au moins 18 km, un sac de maïs sur le dos et un jambon à la main. — Durant les récréations communes, où les entretiens étaient à la fois si dignes et si affectueux, malheur à qui se laissait saisir au bras ou au coude ! Au milieu des rires satisfaits de ses voisins

---

des élèves ; mais à la fin, son inaltérable patience, qui n'avait d'égale que sa fidélité aux règles de la Maison, triompha de tous les obstacles. (*Haristoy*, p. 347.)

En Novembre 1833, les derniers séminaristes partent pour Bayonne, où le Grand Séminaire a été fondé en 1829. MM. Garicoïts et Guimon restent à Bétharram pour le service de la chapelle et du couvent d'Igon. M. Guimon missionne à peu près constamment.

Au commencement de 1834, le P. Garicoïts se rend à Toulouse pour faire une retraite d'un mois, et consulter Mgr d'Astros, devenu depuis 4 ans archevêque de cette ville. Il en revient avec la pensée de fonder une Congrégation. Ce qui le confirme dans cette idée, c'est une grande consolation intérieure qu'il ressent au pied de l'autel de la T. S. Vierge.

Dès lors, il ne lui faut plus que des compagnons. Au mois d'Août de la même année, les PP. J. Chirou, curé de Louvigny, et Larrouy se joignent au fondateur et au P. Guimon.

En 1835, ce sont les PP. Perguilhem, curé-doyen de Labastide, et Fondeville, curé d'Asson.

On choisit alors un supérieur. Le P. Garicoïts est élu d'un commun accord. La Congrégation était fondée.

On suit provisoirement les règles des MM. de Hasparren, fondés en 1824 (?) par le Vénérable M. Garat.

Quelques enfants de chœur reçoivent alors des leçons de latin ; mais l'Université s'en émeut ; — il faut les envoyer d'abord chez des curés à Lestelle, Montaut, Igon, puis à St-Palais, chez M. Ségalas, le compagnon et l'ami d'enfance du P. Garicoïts.

— En 1837, fondation d'une école primaire à Bétharram ;

et de la douce joie du P. Garicoïts, celui-là risquait de se débattre dans une sorte de spasme particulier ou de trouver sur les chairs la vive empreinte des cinq doigts. .

Peut-être quelques-uns de nos bienveillants auditeurs pourraient-ils nous raconter ce supplice de trois secondes qu'ils ont personnellement enduré à une époque où le vénéré Père, loin de ses 35 ans, accablé en outre par les infirmités et les fatigues, pouvait cependant encore, en forme de paternelle caresse, offrir cet amusement à ses enfants.

Parfois aussi la piété filiale cherchait à plaisir une innocente vengeance. Le bon Père avait la

---

— En 1840, commencement de la restauration du Calvaire par Renoir, que MM. Combalot et de Salinis ont adressé au P. Garicoïts.

— En 1841, constitutions données à la petite société par Mgr Lacroix. Le P. Garicoïts est réélu supérieur.

— En 1847, fondation de l'Ecole secondaire dans la Maison-Mère.

— En 1850, fondation d'Orthez.

— En 1851, fondation de Sarrance et de Pau. Le P. Garicoïts est élu supérieur pour la troisième fois.

— En 1855, fusion de la Communauté de Ste-Croix d'Oloron avec Bétharram, qui accepte le Collège de Ste-Marie, dont le supérieur de Ste-Croix, le P. Minvielle, devient le 1er supérieur.

— En 1856, fondation de la Colonie américaine.

En 1863, mort du P. Garicoïts (14 Mai, jour de l'Ascension). Il laisse son œuvre inachevée.

Famille du Père Garicoïts. — (Note tirée des *Recherches historiques sur le Pays Basque*, de M. l'abbé Haristoy.)

Nom de la famille : *Garayco-Etchea* (maison sur la hauteur). *Garicoïts* est francisé.

Son père Arnaud, héritier d'un petit bien ; — sa mère Gratianne Etcheberry, des fermiers d'Ordoki de Juxue, à paume des mains tellement sensible que le moindre chatouillement au voisinage du pouce, le mettait à la merci de ses jeunes adversaires. On le savait et on s'en servait.

C'est que le système nerveux était développé chez lui, non à l'excès, mais en proportion de la force physique. De là, cette vivacité, qui agissait jusque sur ses facultés intellectuelles, jusque sur sa volonté, dont on a tant admiré l'énergie. De là encore cette agilité, qui lui fit un renom dans sa jeunesse parmi les enfants d'Ibarre et de Garris. On aurait dit un écureuil courant de branche en branche. Lui-même avouait plus tard, dans ses conversations familières, que s'il avait reçu des leçons de gymnastique, il aurait acquis de la distinction dans cet art.

Ibarre, appartenant à M. Borda, frère du futur curé de St-Palais, qu'Arnaud accompagna plusieurs fois en Espagne pendant la Révolution.

— Etcheberry, le fermier d'Ordoki, frère de Gratianne, eut 7 enfants, dont le Vénérable Aumônier d'Ustaritz, né en 1806, et mort récemment.

— Arnaud Garicoïts eut 5 enfants : Michel (1797), Jean, Paullé (Paul), tous trois décédés célibataires ou sans postérité, et Joannes, marié à Catherine Harguindéguy, de la maison Amexague, d'Ibarre. Il en eût : 1e Marie Garicoïts (6 Novembre 1849) ; 2e autre Marie (14 Décembre 1851), mariée à Bayonne, paroisse St-André, avec Ernest Harismendy, peintre, né à Hasparren, le 25 Octobre 1853, aujourd'hui domicilié à Dax (Landes) ; — 3e autre Marianne (6 janvier 1854) ; — 4e un enfant mort à Bétharram.

Catherine Harguindéguy, veuve, s'est remariée avec Jean Lahitéguy.

La maison Amexague était une maison noble. En 1412, Bernard d'Amexague, en considération de sa noblesse et de ses services, obtint du roi de Navarre, rémission des *Aquadas* et *imposiciones*.

Son visage, au teint délicat et vermeil, respirait à la fois la bonté, la finesse et la force ; ses lèvres avaient toujours un léger sourire ; ses yeux, d'une incomparable douceur, s'illuminaient sous l'influence de la parole, semblaient alors scruter jusqu'au fond de l'âme et saisissaient d'une vive émotion, dès qu'ils s'animaient.

Chez lui, la physionomie était à la fois l'expression de son caractère et de ses vertus.

II

J'ai nommé le caractère. Qui nous dira tout ce qu'il y avait de doux et de fort dans cette nature ardente, énergique, domptée et transformée par la grâce, qui fit de cet enfant *terrible*, selon l'expression du vieil Anghelu *(terriblia)*, un véritable agneau ?

A cinq ans, Michel savait déjà faire valoir ses droits vis-à-vis de ceux qui lui volaient... une pomme...

A dix ans, il faisait partie du complot tramé contre Ernaut-Chaharra, le catéchiste et le régent de la section d'Ibarre, qu'on devait écharper !

Le moment venu, tout le monde écolier recule, sauf Michel, qui fond hardiment sur le brave homme, lequel eut beaucoup de peine à se débarrasser de son petit agresseur. « Je portais en moi, disait plus tard Michel, l'étoffe d'un bandit. »

Gardien sur la montagne des brebis de son père, il attire les vautours pour se donner le plaisir de les battre, et se fait, encore enfant, une réputation d'intrépidité parmi les pâtres.

Mais où sa constance et son énergie native se manifestent et se développent d'une manière digne d'admiration, c'est dans ses laborieuses études.

L'idée du sacerdoce le poursuit depuis l'âge de 4 ans ; ni le troupeau de son père, ni sa domesticité chez Anghelu, ni la culture des champs, ni les difficultés pratiques de toutes sortes ne peuvent le distraire un instant de cette divine pensée. Aussi, quand il a quitté l'école du village, où, dit-on, il en savait plus que son vieux maître, il continue seul ses premières études. Dans les moments perdus, au milieu des brebis, on le voit, un livre de piété à la main, s'exercer à haute voix, des heures entières, à la lecture du basque.

A 16 ans, il ne savait pas un mot de français et il doit commencer le latin. N'importe !... Quand il a fait chez le curé de St-Palais, M. de Borda, son travail de domestique, il se met à la lueur d'une chandelle de résine, sur les rudiments des deux langues, et souvent, il l'avouera lui-même, l'aurore le surprend dans cette lutte corps à corps avec les textes classiques.

Mais aussi, comme Dieu récompensa ce courage ! Dans peu de temps, Michel possédait très bien le français, et se mettait à la tête de sa classe.

A Bayonne, même ardeur, même persévérance. M. de Borda et M. Eyhérabide, ancien curé de St-Just, devenu archiprêtre de Bayonne, le font entrer au service de Mgr Loison et de M. Honnert, secrétaire de l'Evêché. Il doit servir à la cuisine, faire les chambres, balayer le palais épiscopal, promener même le chien du bon secrétaire. Avec des services multipliés, qui absorbent son temps au point de l'empêcher souvent de se rendre en classe, mais qui ne réduisent ni ses forces, ni sa bonne volonté, Michel trouve que son professeur ne donne pas assez de besogne. Les paresseux de la classe préparent un complot contre le domestique, dont le labeur et les triomphes littéraires secouent la traînante indolence. Ils l'attendent au passage de la cathédrale à la rue d'Espagne ; mais aussi poltrons sur le terrain que sur leurs classiques, ils disparaissent en toute hâte, dès qu'ils voient Michel se disposer à faire face à la bande entière.

Directeur à Bétharram, l'un des deux grands séminaires, à cette époque, du diocèse de Bayonne, qui comprenait alors les départements des Basses-Pyrénées, des Hautes-Pyrénées et des Landes, il se livra avec son énergie et son ardeur naturelles, au travail de professeur, d'économe, d'aumônier d'Igon, et à mille autres occupations, sans jamais se plaindre, sans jamais faiblir, si bien que le supérieur, le Vénérable M. Lassalle, ne trouvait pas de meilleure expression, pour le caractériser, qu'en disant de lui : « C'est un Cantabre ! »

— Supérieur lui-même à 31 ans (1828), il se montra bienveillant pour les personnes, mais ferme et inexorable contre les abus. Il en eut, dit-on, d'abord à souffrir, mais sa constance, aidée d'une patience invincible et d'une douceur inaltérable, triompha bien vite de tous les obstacles.

Du reste, par ses hautes vertus et par sa science, il avait pris, dès son entrée au séminaire, un tel ascendant sur les élèves et bientôt sur les directeurs eux-mêmes, qu'il fut l'objet de la vénération commune et que sa volonté devint la règle de tous.

III

L'énergie de caractère, accompagnée d'une belle intelligence et d'un jugement solide, fait les hommes supérieurs. Le P. Garicoïts fut un de ces hommes. A 10 ans, il avait parcouru le programme des classes primaires d'alors.

A 11 ans, il était le premier élève du catéchisme, qui comptait néanmoins des jeunes gens de 15 et de 16 ans. Au rapport d'Anghelu, Michel apprenait tout ce qu'il voulait: il avait toujours des réponses et des réflexions pleines de sens. On l'appelait pour cela *Docturra*, c'est-à-dire le petit docteur.

Cette intelligence positive se tournait de préférence vers les choses sérieuses, vers la saine et forte littérature, vers les mathématiques, la philosophie et la théologie. Dans ce domaine, il était un maître. Aussi, malgré une certaine hésitation qui trahissait peut-être la recherche du mot propre (car il ne sut jamais, pas plus dans sa jeunesse qu'à la fin de ses jours, se contenter de l'à peu près), Michel prima à Saint-Palais, à Bayonne, à Aire, à Dax, d'où l'on voulut même l'envoyer à Saint-Sulpice pour le perfectionner dans la théologie. — A 28 ans, il arrive à Bétharram; sa réputation l'y accompagne; et ses leçons méthodiques et lumineuses le mettent en haute estime auprès de ses élèves, comme il l'était déjà auprès de son évêque, l'illustre Mgr d'Astros, qui l'avait envoyé ici, autant pour rétablir le bon ordre et faire fleurir la piété, que pour donner à la jeunesse un professeur modèle.

Sa correspondance renferme des chefs-d'œuvre de grâce et de force. De tous les recueils de lettres spirituelles publiées depuis le XVIIe siècle, le plus apprécié est peut-être encore celui de Fénelon.

On nous trouvera sans doute hardi, mais sans vouloir en rien diminuer le mérite de l'illustre archevêque de Cambrai, nous n'hésitons pas à dire, en nous basant sur une comparaison sérieuse, que Fénelon aurait signé de sa plus belle plume ces pages où se révèlent le cœur du père, le cœur de l'ami, l'homme consommé dans la direction des âmes, en même temps que l'écrivain distingué, et nous croyons que tout critique impartial penserait comme nous.

IV

On devine comment une belle intelligence, unie à un caractère de feu, à une indomptable énergie, devait se manifester devant son auditoire. Après un début parfois embarrassé, la langue brise soudain ses entraves, la voix éclate, le visage se transfigure, la main puissante ébranle la chaire, tandis que l'œil, s'illuminant d'une vive clarté, pénètre et remue en quelque sorte jusqu'au fond des cœurs.

A une logique impitoyable et serrée, le P. Garicoïts joint l'expression la plus juste, la plus frappante, un style naturel, tout de granit comme l'homme lui-même. Aussi sortait-on de ses conférences vivement ému, la tête baissée, l'âme recueillie, comme pendant une retraite. C'est de lui qu'on aurait pu dire ce que Fénelon écrivait du véritable orateur. « Le véritable orateur n'orne son discours

« que de vérités lumineuses, que de sentiments « nobles, que d'expressions fortes et proportion- « nées à ce qu'il tâche d'inspirer; il pense, il sent, « et la parole suit ». Lett. à l'Académ. ch. IV. (*Prog. de Rhétorique*).

Si Platon pouvait dire de Périclès qu'il trouvait en lui l'homme le plus parfalt, ὁ τελειότατος, le P. Rossigneux disait à son tour du P. Garicoïts : « J'ai entendu les plus célèbres prédicateurs de « notre siècle, les Lacordaire, les Ravignan et les « autres ; aucun d'eux ne m'a frappé, ébranlé, « comme le P. Garicoïts ».

Ce jugement, joint au témoignage unanime de tous ceux qui l'ont connu, nous fait regretter que cet homme, voué plus spécialement aux sciences théologiques, et, du reste, écrasé par de multiples travaux, n'ait pas eu le temps d'écrire davantage pour la chaire sacrée.

V

Toutes ces belles qualités furent couronnées chez le P. Garicoïts encore jeune par l'assemblage des plus sublimes vertus. — Et ici encore, nous ne parlons pas du P. Garicoïts parvenu au terme de sa carrière, courbé sous le poids du labeur ; non ; nous parlons de l'enfant, du jeune homme, du professeur.

Ame vraiment passionnée, elle donne à la grâce une correspondance parfaite, si bien qu'on chercherait vainement une tache quelconque sur le front de cet ange, qui passa sur la terre pour embaumer les hommes et ses enfants du parfum de ses vertus.

Offert à Dieu par sa pieuse mère dès le jour de sa naissance, Michel garda de la première éducation maternelle des impressions qui ne s'effacèrent jamais.

A 4 ans, il tremblait de tous ses membres à la seule pensée de l'enfer. C'est qu'il avait pris à un de ces marchands ambulants un petit paquet d'aiguilles, qu'il apportait naïvement à sa mère. Celle-ci, d'un air sévère, lui dit que ce qu'il vient de faire est un vol, et que les voleurs vont en enfer.

Le pauvre enfant resta longtemps dans l'épouvante, et la seule pensée de ces malheureuses aiguilles et de l'enfer lui faisait passer de longues heures en prière pour demander pardon à Dieu.

A cet âge encore, il trouve un oiseau dans un lacet; il s'en empare ainsi que d'un pied d'ail. La mère l'apprend, et Michel, corrigé comme on savait alors corriger les enfants, ne tombe plus dans ces petites fautes, dont il ne se rendait pas compte encore, comme du reste on le comprend.

Pieux comme un ange, et possédant très bien le Catéchisme, il est admis, par exception, à l'âge de 11 ans, au nombre de ceux qui devront prochainement, dans l'Eglise de St-Just, s'approcher du divin banquet.

Il commence même sa confession générale ; mais épouvanté par sa mère, qui lui fait le récit d'une première communion sacrilège, en ajoutant ces simples paroles : « Prends garde, mon fils, tu ne comprendras jamais un pareil malheur ! » — l'enfant se rend au presbytère et supplie M. le Curé de différer encore sa première communion.

Avec des principes si chrétiens, que ne pouvait

pas devenir un jeune cœur si accessible aux choses de la grâce ? Toute sa vie, Michel fut un Ange de pureté ; à 20 ans, il ne soupçonnait pas encore le mal (1), et si plus tard, il fut obligé de le connaître, ce ne fut, au rapport de Mgr Lacroix, que dans les livres. « Jamais, disait Anghelu, on ne remarqua chez lui d'enfantillages ! »

Et cependant il était, nous l'avons vu, violent par caractère ; mais à l'exemple de Saint François de Sales, il dompta si bien la nature, que la nature s'ouvrait comme d'instinct aux choses de Dieu, et avant tout à la piété. Tel est le témoignage de son condisciple M. l'abbé Danty, mort curé doyen de Monein.

Un autre de ses condisciples, M. Larrose, mort aussi doyen d'Accous, ajoutait : « A Aire, je me trouvais, à l'étude, entre saint Garicoïts d'une part, et saint Cestac de l'autre. Saint Garicoïts ne levait jamais les yeux ; il travaillait sans relâche et lançait très fréquemment vers le ciel des oraisons jaculatoires. »

En 1844, M. Harembourc, supérieur du grand Séminaire, mort vicaire-général du diocèse, le proposait comme modèle aux séminaristes, en leur rappelant les souvenirs de l'écolier d'Aire. (Témoig. de M. Délissalde, supr du g. sémin.)

A Dax, les séminaristes des trois départements l'appelaient toujours « *notre saint Louis de Gonzague* ». Et le supérieur de cet établissement, le vénérable M. Dupoy, ajoutait : « Ou je me trompe fort, ou ce jeune homme fera parler de lui. »

---

(1) Dans le courant de l'année 1819, à Aire, le scandale d'un philosophe fut pour lui une révélation.

Vicaire de Cambo pendant 21 mois seulement, il y laissa une telle réputation, que longtemps après, on disait encore de lui : « Notre saint Vicaire. »

Quand Mgr d'Astros le proposa à la fondatrice des Sœurs de la Croix, la vénérable Sœur Elisabeth, pour la direction d'Igon, il écrivait : « Je vous lais- » serai M. Garicoïts, directeur à Bétharram ; c'est » un homme prudent et très saint. »

A Bétharram, les séminaristes avaient toujours un mot à dire sur les imperfections de leurs directeurs : « M. Garicoïts seul n'était pas attaqué parce qu'il était inattaquable ». (Témoignage de l'abbé Lacrouts, de P. Couméritlh, etc.)

A l'autel, avec son maintien noble et recueilli, son visage transfiguré, sa blonde chevelure, on croyait voir un ange. (Tém. des PP. J. Chirou et Bourdila)

Sa dévotion envers la sainte Vierge avait quelque chose de fort comme son caractère. Point de pratiques spéciales; mais il méditait, et faisait méditer la devise : *Ecce ancilla !* me voici ! — tenait habituellement le rosaire autour du cou, et le récitait, dès qu'il avait un moment de repos.

Il voulut qu'on chantât une fois par mois, la messe *de Beatâ,* et que tout le monde y assistât.

VI

Avec cette piété profonde, est-il étonnant qu'il ait toujours été d'une obéissance parfaite? Chez Anghelu, on veut, à 14 ans, le mettre à la tête des domestiques parce qu'il est obéissant et dévoué.

A l'Evêché, il est l'enfant gâté de Mgr Loison et

de M. Honnert, parce qu'il devinait en quelque sorte leurs plus petites intentions.

Il finit même par adoucir la vieille cuisinière, grincheuse et acariâtre, qui se plaignait sans cesse de tout et de tous. Quand, pareille à la vieille Pernelle de Molière, elle faisait le procès à toute la maison, Michel prenait les casserolles et les assiettes, et, sans mot dire, les lavait à la place de la vieille femme. C'était assez ; elle était désarmée.

Aussi quand il partit pour Aire, afin d'y faire sa philosophie, lui prépara-t-elle un repas succulent.

Partout où il passa, il fit l'admiration et la joie de ses supérieurs. « Obéir, disait-il très souvent, c'est « si simple !... Sans doute, je sais qu'il ne faut pas « être l'esclave des idées d'autrui, mais il ne « faudrait pas, non plus, en être le bourreau. »

VII

A cette obéissance, qui tranchait d'une manière si frappante avec son caractère ardent et qui semblait être ainsi sa vertu dominante, Michel ajoutait la pénitence si naturelle aux cœurs purs.

Il devint le bourreau de son corps par la discipline et par le travail. Simple élève de philosophie, il fut surpris par un de ses condisciples, alors qu'il ensanglantait à coups redoublés sa chair innocente.

Abusant de ses forces, il passait les journées dans un labeur assidu, préludant ainsi à cette vie de *massacre* qu'il devait mener pendant trente ans, depuis trois heures du matin jusqu'à onze heures du soir; menant de front les occupations les plus diverses, parfois les plus humiliantes et les plus pénibles, tellement pénibles que la souffrance se manifestait sur son visage et qu'on l'entendait s'écrier avec sa douceur habituelle : « Je n'en puis plus ! »

Souvent aussi, pour tout repas, on le voyait se contenter des restes froids de la communauté ou du premier morceau de pain qu'il rencontrait sur la table ; parfois encore, à six heures du soir, il n'avait point pris la simple tasse de chocolat qu'on lui avait portée le matin et c'est en ces termes qu'il répondait aux reproches respectueux de ses fils : « Ce serait bien à moi à faire le délicat, à moi qui « aurais dû manger de la *méture* toute ma vie... Il « faut nous souvenir que je n'ai été qu'un men- « diant !!!... »

Belle parole d'humilité, qui achève de nous peindre ce cœur toujours bon, toujours dévoué, toujours maître de lui-même, toujours perdu dans l'amour de la Croix !

VIII

Tel est l'homme, tel est le Père, ou plutôt tel est l'Ange, que Dieu, dans sa miséricorde, réservait à l'Eglise, pour faire germer au milieu de toutes les tribulations, dans un recoin des Pyrénées, l'Institut des Prêtres du Sacré-Cœur de Jésus.

A cet Institut, dont l'unique ambition est de garder Dieu dans l'âme du peuple et des enfants, il fallait un homme de grand caractère et de haute vertu, un prêtre *dévoué*, *effacé*, *constant* et toujours *content*, pour servir de modèle à ses fils : « *forma facti gregis ex animo* ». (S. Petr. I, ch. v, v. 3). — Dieu fit bien son choix.

V

La Devise du Vénérable : En Avant !

(Strophes lyriques)

En avant ! quelle ardeur m'enflamme !
Quelle joie inonde mon âme !
C'est pour un Père qu'est mon chant ;
L'œil tourné vers la sainte cime (1)
Il répète son cri sublime :
En avant !

En avant ! quand gronde l'orage
Et que la tempête en sa rage
Déchaîne la fureur du vent ;
Quand, menacé dans sa mâture,
Mon esquif erre à l'aventure,
En avant !

En avant ! quand la blanche étoile
De la nuit déchirant le voile
Sur moi regarde en souriant,
Et que sa clarté bien aimée,
Brille à mon âme ranimée,
En avant !

En avant ! Durant sa carrière,
Ce cri des lèvres de mon Père
S'échappe de zèle enlevant ;
Il l'a laissé pour héritage,
Et ses fils diront d'âge en âge :
En avant !

---

(1) Le Calvaire, où repose le corps du Vénérable, dans la Chapelle de la Résurrection.

En avant! c'est le cri débordant de tendresse,
Que le Cœur de Jésus, en sa sainte allégresse,
Pousse dans Bethléem, à son père s'offrant;
Au Mont des Oliviers, en proie à la tristesse,
Il dit, lorsque l'ennui de son poids lourd l'oppresse:
En avant!

En avant! votre Cœur, ô divine Marie,
O notre Mère à tous, Mère de tous chérie,
A l'Incarnation le répète humblement:
Lorsque Jésus pour nous mourait sur le Calvaire,
Vous dites avec lui, victime volontaire,
En avant!

En avant! que ce soit pour ma honte ou ma gloire,
Pourvu que mon Jésus remporte la victoire,
Et que j'aime encor plus son Cœur toujours aimant;
Que la faveur du jour sur ses ailes m'emporte,
Qu'elle soit contre moi, vive Dieu! que m'importe?...
En avant!

En avant! pour qu'aux jours d'éternelle lumière
Ayant suivi vos pas, ô Vénérable Père,
Je vive auprès de vous, moi, votre indigne enfant;
Et qu'atteignant enfin le but auquel j'aspire,
Possédant le bonheur, je n'aurai plus à dire:
En avant!

En avant! Monseigneur, n'est-ce point la devise
Que toute votre vie à nos yeux réalise
Sans mesurer jamais, de tout cœur, amplement?
L'exemple est précieux; car, debout sur la brèche,
Toujours Votre Grandeur à chacun de nous prêche:
En avant!

E. D.

VI

Un Festin Royal

OU

L'ARRIVÉE DU P. CHIROU

En ces jours, Bétharram, séminaire désert,
N'avait pour habitant qu'un prêtre vénérable,
Vivant de presque rien. Tous les mets de sa table
Etaient un peu de pain et de lard; le dessert
Et ces mille douceurs, dont notre corps débile
Se faisant un besoin des inutilités,
Aime à rassasier son appétit fébrile,
Il les traitait tout court de superfluités.
L'eau coulant pure et claire auprès de la Chapelle
Composait sa boisson pendant ses courts repas.
— Il était là, tout seul, ce serviteur fidèle
De Dieu, prêt à rester ainsi jusqu'au trépas.
Car la devise était à cette âme si forte :
« Vivre ou mourir n'est rien, mais une chose importe
A tout homme : « *Accomplir la volonté de Dieu,*
Sans retard, par amour, sans réserve, en tout lieu ».
Il était seul, mais Dieu, touché de sa constance,
Mit un terme à l'épreuve en cette circonstance.

Il lui vint un soldat. Comment l'appelait-on?
Son neveu vit encor; Chirou tel est son nom.
Donc, Père Garicoïts, un dimanche, à trois heures,
Voit entrer vivement dans ses vastes demeures
Un prêtre jeune encore; (il n'avait pas trente ans).
« Me voici, cher Monsieur, dit-il. Depuis longtemps
Je souhaitais beaucoup de donner enfin suite
A mon secret désir de mettre ma conduite
Sous vos lois; mais j'ai dû, malgré ce vif désir,
Différer chaque jour mon projet de venir.
Et puis, à Monseigneur devant obéissance,
Il m'a fallu longtemps user de patience.
Tel que vous me voyez, à peine ai-je obtenu
Avis de l'Evêché, vite je suis venu.
J'allais chanter la Messe au moment où la poste
M'a porté le licet de renoncer au poste
Que j'avais. J'avertis mes braves paroissiens
Que les Vêpres du jour seront dites de suite
Après la messe. Alors, devenu libre, vite
Je selle mon cheval, je l'enfourche et je viens.
La grâce du bon Dieu de ses douceurs m'inonde
Et je romps les liens qui m'attachent au monde.
Me voiçi; maintenant si vous voulez de moi,
Je reste près de vous pour suivre votre loi. »
— « Mon ami, dit le Père, oh! la bonne nouvelle!
N'ayez pas peur de Dieu, si sa voix vous appelle
A marcher au chemin du grand renoncement;
Laissez-vous faire, ami, comme fait un enfant.
Vous quittez tout, c'est vrai; mais votre récompense
Est le centuple ici. Votre chère présence
Souhaitée ardemment met le comble à mes vœux.
Mon ami, mon frère, ah! soyons religieux! »
Il dit, et l'embrassant avec son cœur de Père,
Il répète tout bas: « C'est vous mon premier frère! »
Qui fut le plus heureux des deux? Je ne sais pas;

On est embarrassé pour trancher pareil cas.
Ces deux cœurs de vaillants, remplis de confiance,
Tressaillent, animés d'une ferme espérance.
Oui, mais ô pauvre corps brisé, tu réclamais
L'aliment journalier qui ne venait jamais.
Le Père Garicoïts, se ravisant, s'adresse
A son premier soldat : « Après la Sainte Messe
Avez-vous eu le temps de manger un morceau?
Dites-le franchement ; être simple, c'est beau ».
— « Mon Père, répond-il, l'heure était avancée
Au moment du départ. Et puis, dans ma pensée,
Jamais à Bétharram je ne viendrais trop tôt.
J'ai pris la route à jeun, ou de bien peu s'en faut.
A parler franchement, je crois fort que la bête
Mangerait un morceau. » — « Je vais vous faire fête,
Vous allez voir. Depuis que je suis seul ici,
Jamais un invité ne m'est venu. Voici
Tous mes trésors du jour, une immense richesse ».
En achevant ces mots, le bon Père s'empresse
De tirer d'un bahut ses trésors enfouis.
(C'était un peu de lard, sur un demi pain bis).
Et, refaisant alors ce que tout jeune pâtre,
Il avait fait cent fois, il se penche sur l'âtre
Et l'allume. Il découpe une tranche de lard,
Aiguise une baguette et la plante au hasard
Dans la tranche. Il présente aux ardeurs de la flamme
La broche ainsi chargée. Au bonheur de son âme
L'affaire réussit ; le dîner était prêt.
Jugez si l'appétit, après ce temps d'arrêt
Et la course à cheval et le jeûne qui dure
Fit au maigre repas souriante figure.

Il resta près de lui ce nouvel arrivant.
Dès lors ils furent deux à crier : En avant!
Cet Institut naissait. Il avait à sa base

La Sainte Pauvreté. D'une nouvelle phase
Il parcourut bientôt les degrés, humblement,
Semant partout le bien, sans compter, largement.
La Croix ne manqua point, mais la Croix c'est le signe
De la mission vraie ; aussi le Fondateur,
Plein de Dieu, regardait comme faveur insigne
L'épreuve ; il la portait avec calme et bonheur.
Il en sortit vainqueur. Fils de l'Obéissance,
Fallait-il pas qu'on vit, selon nos livres saints,
Dieu se servir de lui ? — Dieu montre sa puissance
En prenant les petits pour ses plus grands desseins.

E. D.

VII

La Nature au Collège

(**Méditation Religieuse — 20 Mars 18...**)

Il promenait pensif sur les bords silencieux du Gave, et il disait : Bienheureux celui qui possède dans son cœur l'amour de son Dieu !

Les flots, rapides là-bas et mugissants, s'arrêtaient ici saisis d'un saint respect, et, pleins de l'azur des cieux dans leurs eaux profondes, s'écoulaient avec lenteur, ondoyants et paisibles, comme pour saluer au passage la douce Reine de ces lieux. Ils reprenaient bientôt leur course et leurs refrains variés, tandis que, portés par les remous, d'autres venaient doucement murmurer sur la rive et.... mourir.

Et il disait : Ainsi s'enfuit la vie humaine, tantôt bruyante, tantôt paisible, et toujours animée.... la vie, où se mirent, chacune à son tour, les passions sans cesse renaissantes. O bruit d'un instant, qui se perd dans l'espace ! bruit de joie et de colère, bruit de haine et d'amour, que le temps emporte dans son vol sans en laisser aucune trace ! Mon cœur ! mon cœur ! vois-tu le Gave ?.... Le Gave suit sa pente et sa pente le conduit jusqu'au vaste Océan. Et toi, suis-tu la tienne, la tienne qui va droit vers le Cœur de Jésus ?

Bienheureux celui qui possède dans son cœur l'amour de son Dieu !

Longtemps il avait cultivé l'âme du futur prêtre ; avec quel amour et quelle délicatesse, ils le savent ceux qui lui confièrent leur champ ; puis, s'étant recueilli comme pour créer une grande chose, il jeta les yeux sur l'enfance, qu'il appela près de ces rives. — Et maintenant, à la vue de tant de têtes blondes, si tapageuses d'une part, si naïvement insouciantes de l'autres, à la vue de tant de fronts sereins, sur lesquels semblaient déjà planer l'auréole du sacerdoce, il laissait échapper son âme et disait :

Oh ! qu'ils me confondent, ces petits enfants ! Saurai-je être jamais ce qu'ils sont à cette heure ! Quelle moisson pour vous, ô Dieu ! quelle moisson dorée ! Il sont à vous, ils le sont sans partage. C'est pour cela que la joie les inonde et que leurs éclats sont si vrais, si vivants et si purs. Et moi, Seigneur !....

Ah ! qu'il est bienheureux celui qui possède dans son cœur l'amour de son Dieu !

La brise souffla légère, portant dans sa course éthérée les premiers parfums du printemps ; le soleil inondait de sa chaude lumière et les prés qui semblaient lui sourire après un long et rigoureux hiver, et les flancs dénudés du Calvaire, qui lui redemandaient leur luxuriante parure, et, dans le lointain, les monts encore couverts de leur nappe d'argent.

Et il disait : Où vont tes brises, ô mon âme ? où vont tes brûlants rayons, ô mon cœur ?

Souffle, souffle légère, brise rafraîchissante de la grâce, toi qui embaumes l'air dont je suis enivré. D'où viens-tu ? Qui t'a conduite jusqu'à moi ? Qui m'a mérité de respirer tes parfums ? Sors-tu des cieux ? sors-tu de nos tombes aimées ? Souffle, souffle légère, tu calmes mes douleurs, tu réveilles mes joies. Souffle, tandis que je respire les chauds rayons du soleil de Jésus. J'avais froid, j'étais engourdi, car l'hiver a passé sur mon âme, l'enveloppant de son noir et rigide manteau.... Mais les divins rayons me pénètrent et m'embrasent....

....Brûle, brûle, ô mon cœur, pour le Cœur de Jésus !

Bienheureux celui qui vit ici-bas de l'amour de son Dieu !

Et il promenait pensif sur les bords silencieux du Gave !.... Soudain une violette, la première qui venait sans doute saluer à son réveil la nature longtemps endormie, s'offrit à ses regards distraits. Oh ! qu'il l'aimait, cette petite fleur ! qu'il aimait sa chaste parure ! Elle ouvrait au matin sa corolle et penchait gracieusement son front, comme pour murmurer une prière au Dieu qui l'a créée.

Et lui, disait : Ta place, belle fleur, serait sur une couronne, sur la couronne de ma Mère. N'es-tu pas l'emblème de sa parfaite humilité ? Tu te caches, et parce que tu te caches, on te cherche et l'on te trouve toujours à l'odeur de tes parfums.

Et toi, mon cœur, as-tu jamais savouré le plaisir que goûtent les saints à vivre inconnus, à vivre oubliés ? Où sont les parfums, qui te feraient au moins chercher de ton Jésus ?

Bienheureux celui qui possède dans son cœur l'amour de son Dieu !

Les arbres de la rive dressaient majestueusement dans les airs leur tête encore chauve ; le peuplier se balançait dans sa rêveuse nonchalance ; le noyer immobile montrait les plis tortueux de son front dépouillé ; le platane et l'acacia dormaient tristes et moroses, mais le marronnier montrait avec orgueil, sur ses multiples sommets, une nuée de bourgeons, dôme superbe en espérance ; et le saule, qui trempait ses pieds dans la fraîcheur des eaux, apparaissait radieux dans son nouveau feuillage, comme l'enfant dans son premier habit. Ce n'était plus l'hiver, ce n'était pas le printemps, mais une belle aurore du printemps.

Il voyait cette nature, mélange à la fois de grâce inimitable et de sévère majesté, rendre à sa manière de touchantes actions de grâces à Dieu, son Créateur.

Et il disait : C'est l'image de mon âme, car je sens à mon tour l'approche du printemps. Allons, mon cœur, réveille-toi ; c'est Jésus, qui t'appelle ! C'est lui qui ranime ta sève et veut que tu produises encore des feuilles et des fruits. Rajeunis à sa douce voix comme à tes plus beaux jours ! Il est ton soleil; ouvre-toi donc à sa lumière. Sa lumière ! elle est si douce après la tempête ! Elle est si consolante après la nuit !....

O mon âme ! ô mon âme ! Oh ! qu'il est bienheureux celui qui possède dans son cœur l'amour de son Dieu !

Et sur les branches des arbres retentissait un gazouillement sans fin. Ce n'était plus la nature muette, mais la voix connue des petits oiseaux, qui parlaient à leur Père et le bénissaient dans leurs joyeux accents.

Longtemps la neige les avait rendus silencieux et tristes. Ils avaient froid, il avaient faim. Mais on se connaissait. Ils s'abritaient sans crainte auprès des écoliers et s'en allaient chercher avec confiance le pain que le bon Dieu donne à toute créature, dans les débris que laissait, à la cour du collège, la charité de nos enfants.

Cependant il leur échappait parfois comme de faibles soupirs, comme de douloureux sanglots, qui venaient, dans ces heures tristes et glacées, remuer péniblement les cœurs.

Maintenant ils respirent heureux le grand air des campagnes et ne cessent qu'à la tombée du jour le mélodieux ramage qu'a vu commencer le matin.

Et lui, disait : Comme ces chants sont purs ! Comme ils sont agréables à Dieu ! — Et toi aussi, tu as sangloté ; mais tes sanglots ont retenti sur le cœur de ta Mère, sur le cœur de ton Dieu ! — Toi aussi, tu as soupiré ; mais tes soupirs, signe de la souffrance, se sont mêlés à ceux de ton Sauveur sur la voie du Calvaire, et ton Sauveur les a changés en d'ineffables consolations. — Et alors, j'ai chanté le cantique de la reconnaissance ; j'ai chanté mon seul Roi, j'ai chanté mon Jésus, Jésus, ma foi, mon espérance et mon amour. Et je veux que ma vie le chante à toute heure ; je veux que tout en moi redise sa charité. Qu'importent les sanglots, qu'importent les épreuves, pourvu que Jésus me reste et que je reste à mon Jésus ?

Souriez, enfants, souriez sans cesse ; Gave azuré, coule, coule tes flots ; fleurs, donnez vos parfums ; arbres, poussez votre feuillage ; et vous, petits oiseaux, gazouillez encore, gazouillez toujours ! — Et toi, mon cœur, va te perdre en Jésus !

Il promenait pensif sur les bords silencieux du Gave, et ses lèvres redisaient encore : Bienheureux mille fois celui qui possède dans son cœur l'amour de son Dieu !

VIII

Buenos-Ayres

OU

LES ADIEUX A LA PATRIE

ÉLÉGIE

SUJET

« Mon enfant, il n'y a que Dieu qui puisse exiger de pareils sacrifices. »

(Paroles du P. Didace Barbé avant son départ pour l'Amérique).

Et le P. Guimon, à 64 ans, pouvait-il retenir ses larmes : « Bétharram ! Bétharram ! s'écriait-il, il faut donc te quitter ! » En partant, il baisait le sol avec tendresse.

(*Vie du P. Garicoïts,* 1re édit., page 152.)

Adieu, Gave enchanté, Temple de notre Mère !
Beau ciel de Bétharram, vallon délicieux !
Et vous tous que j'aimais, et vous, vénéré Père,
Et vous qui reposez au sommet du Calvaire,
Recevez mes derniers adieux !

Car, au-delà des mers, des frères d'origine
Dans un cupide espoir ont dirigé leurs pas ;
Maintenant sans autels sur la rive argentine,
Des bords de l'Océan, ils me tendent leurs bras.

Et moi, jetant les yeux sur ce lointain rivage,
J'ai senti mon cœur battre à l'appel de ces cœurs ;
Emu, mais résigné, malgré soixante ans d'âge,
Pour eux, de mon pays je quitte les douceurs.

Vierge de Bétharram, j'accepte ce calice.
Mais comment renoncer à tes chastes souris ?
Comment me séparer de tant d'êtres chéris ?
Dieu seul peut exiger un pareil sacrifice.

Sanctuaire béni, reverrai-je ta voûte,
Sous laquelle longtemps a résonné ma voix ?
J'y consolai souvent les victimes du doute.
Aurai-je ce bonheur encore une autre fois ?

Ne gravirai-je plus les pentes du Calvaire ?
N'irai-je plus prier sur nos tombes en fleurs ?
Hier encore en foulant ton sol, ô cimetière,
Je ne sais pas pourquoi mes yeux fondaient en pleurs.

Peut-être je serai brisé par les orages !
Peut-être je serai privé de tout secours !
Mais qu'importe mon sort, pourvu que sur ces plages
La Croix de Jésus-Christ se dresse pour toujours ?

Reviendrai-je mourir sous les yeux de ma Mère ?
Il est doux d'expirer auprès de son berceau !
Et toutefois, Seigneur, sur la terre étrangère,
J'accepte, si tu veux, pour te plaire, un tombeau !

Bétharram ! en partant je frissonne et je tremble !...
Mais tu vivras en moi jusqu'au dernier soupir.
Toujours, malgré les mers, nos cœurs battront ensemble !
Garde au vieil exilé ton plus cher souvenir !

Adieu, Gave enchanté, Temple de notre Mère !
Beau ciel de Bétharram, vallon délicieux !
Et vous tous que j'aimais, et vous, vénéré Père,
Et vous qui reposez au sommet du Calvaire,
Recevez mes derniers adieux !

IX

Les Adieux du Vénérable

ET

DU PÈRE GUIMON

(Duo, extrait de l'Elégie) (1)

DUO

Adieu, Gave enchanté, Temple de notre Mère,
Beau ciel de Bétharram, vallon délicieux !
Et vous tous que j'aimais, et vous, vénéré Père,
Et vous qui reposez au sommet du Calvaire,
Recevez mes derniers adieux ! ! !..

LE P. GUIMON

Ne gravirai-je plus les pentes du Calvaire ?...
N'irai-je plus prier sur nos tombes en fleurs ?..
Hier encore, en foulant ton sol, ô cimetière,
Je ne sais pas pourquoi mes yeux fondaient en pleurs.

LE VÉNÉRABLE

Tu graviras encor les pentes du Calvaire !
Tu reviendras prier sur nos tombes en fleurs !
Du passé la mémoire alors te sera chère,
Et de doux souvenirs feront couler tes pleurs !

---

(1) Voir la musique page VI.

LES DEUX

Et de doux souvenirs *(bis)* feront couler { mes / tes } pleurs

Adieu, Gave enchanté, etc...

LE P. GUIMON

Reviendrai-je mourir sous les yeux de ma Mère ?
Il est doux d'expirer auprès de son berceau !
Et toutefois, Seigneur, sur la terre étrangère
J'accepte, si tu veux, pour te plaire, un tombeau !

LE VÉNÉRABLE

Tu reviendras mourir sous les yeux de ta Mère !
Il est doux d'expirer auprès de son berceau !
Et toutefois, mon fils, sur la terre étrangère
Accepte, s'il le faut, *par amour*, un *tombeau !*

LES DEUX

{ J'accepte, / Accepte, } s'il le faut, *(bis)* par *amour*, un *tombeau !*

Adieu, Gave enchanté, etc...

X

La Devise du Vénérable : Me Voici !...

(Grand Chœur) (1)

Me voici, Cœur divin ! qu'à jamais je te serve !
Me voici ! ce sera désormais sans retour !
Me voici sans retard ! me voici sans réserve !
Me voici par amour !

1er Solo

En arrivant au bout de sa carrière,
Toujours aimant, toujours pur comme un lis,
Le Fondateur redisait la prière
Du petit berger de Garris :
Me voici ! etc...

2e Solo

Et quand au ciel Dieu le mit sur un trône,
Brûlant d'amour comme les Chérubins,
Au Cœur sacré dont il fut la couronne,
Il répétait avec les Saints :
Me voici ! etc...

3e Solo

Père chéri, formés à ton image,
Nous voulons tous vivre de dévouement,
Et dans nos cœurs graver avec courage
Ton mot sacré de ralliement :
Me voici ! etc...

---

(1) Voir la musique page IV.

XI

La Mort du Juste

Comme un lion, vaincu d'un mal qui le dévore,
Arrive sans frayeur à sa dernière aurore,
Et même, quand sa force atteint l'épuisement,
Fait trembler le désert de son rugissement ;

L'éclair s'éteint alors dans sa fauve prunelle,
Un dernier flot de sang de ses naseaux ruisselle ;
Il succombe brisé par ce suprême effort,
Et tout son corps revêt le calme de la mort.

Ainsi le Vénérable, au terme de sa vie,
Fils de l'humilité qu'il a toujours servie,
Par la force lion, par la douceur agneau,
Se courbe sous la main qui le jette au tombeau.

Sachant qu'il va mourir, il s'étend sur sa couche ;
Pas un cri de douleur, pas de plainte en sa bouche ;
Il se soumet à Dieu, qui l'appelle au repos,
Et tout près d'expirer, il prononça ces mots :

« Aux arbres, aux buissons, aux prés tout est verdure,
Mai de son frais tapis recouvre la nature ;
Il répand ses parfums en les faisant — fleurir,
Tout renaît à la vie..... et je voudrais mourir.

Je sens que de mes jours le terme heureux arrive,
J'aborde, confiant, à l'éternelle rive ;
Un soir me reste encor pour aimer et souffrir ;
Mon Dieu, soyez béni de me faire mourir.

J'ai gardé votre foi. Soixante ans sur la terre,
Une lutte sans fin dans une rude guerre
M'assure un juste prix que rien ne peut flétrir,
Et pour le posséder c'est un gain de mourir.

Je reverrai bientôt les âmes de mes frères,
De ces vaillants héros, généreux caractères,
Dont l'élément semblait être : prier, souffrir.
Frères chéris, venez m'enseigner à mourir.

Pauvres chers disparus, sur mon cœur je vous serre !
Cassou, Gaye, Guimon, doux Rossigneux et Serre !...
Vos noms furent trop beaux pour qu'ils puissent périr,
Et pour vous être uni je désire mourir.

La bénédiction de votre main puissante
S'est fait sentir, mon Dieu, sur cette œuvre naissante ;
Elle a grandi pour vous, daignez la secourir ;
Je la mets en vos mains avant que de mourir.

Pour vivre et pour mourir quel trésor qu'une Mère !
Par elle tout sourit, la vie est moins amère,
Et lorsqu'enfin on voit vers soi la mort courir
Sur le sein de sa Mère, oh ! qu'il fait bon mourir !

Demain l'Ascension !... Abrités sous leurs ailes
Les Esprits bienheureux aux portes éternelles,
Au Christ montant au Ciel se hâteront d'ouvrir.
L'Ascension !... Demain, quel beau jour pour mourir !

Mon Dieu, si malgré moi résistant à la grâce,
J'ai pu de mon Sauveur ne pas suivre la trace,
Si j'ai péché.... voyez aussi mon repentir ;
Oubliez tout avant de me faire mourir.

Je remets en vos mains mon âme pénitente,
Accomplissez enfin, Seigneur, ma longue attente ;
Je me confie à vous. O mort, tu peux venir !
Quand on s'en va vers Dieu, mourir n'est pas mourir.

Et cependant la vie est pleine de misère,
Le juste en y marchant se couvre de poussière,
Sept fois le jour il tombe et se voit défaillir.
Dois-je désespérer sur le point de mourir ?

Non, mon Dieu ; je connais votre miséricorde ;
Au pécheur repentant, c'est le ciel qu'elle accorde ;
Votre bonté pour lui n'est pas près de tarir.
Vous me pardonnerez avant que de mourir.

En ce dernier combat, moi, pécheur misérable,
Je me cache contrit dans la plaie adorable
De votre Sacré-Cœur. Jésus, daignez m'ouvrir !
Dans votre embrassement c'est vivre que mourir. »

. . . .

Il semble que la mort devant un tel courage
Accomplisse à regret son lugubre message.
Elle frappe à la fin ; pourtant sa cruauté
Des traits du vieux lutteur respecte la beauté.

La vie en s'en allant a grandi sa stature.
Tout est calme et repos sur sa noble figure ;
Sauf le souffle muet, vous diriez du sommeil
D'un Saint, qui n'attend plus qu'un glorieux réveil.

E. D.

XII

Le Triomphe

(Grand chœur final)

LIBRETTO

CHŒUR DE NOS SAINTS

Chantons, chantons en chœur !
Dans ses héros le Christ est admirable.
Rome a parlé : Gloire au vainqueur !
Gloire à Michel le Vénérable !

LE VÉNÉRABLE

Gloria in excelsis Deo !
(Accompagnement très doux d'orchestre et de voix murmurantes.

LE CHRIST

Fils de mon Cœur, monte, voici le trône,
Que t'ont valu ton amour et ta foi ;
Viens recevoir la nouvelle couronne,
Elle t'attend, mon fils, elle est à toi.

CHŒUR DES SAINTS

Chantons, chantons en chœur ! etc.

LE VÉNÉRABLE

Gloria in excelsis Deo !

DEUX ANGES

(1er *Ange*). Il a franchi les célestes espaces.....
(2e *Ange*). Il est monté jusqu'auprès de Jésus.....
(1er *Ange*). Des pieds divins il a foulé les traces.....
(2e *Ange*). Il est roi parmi les élus !

CHŒUR DES SAINTS

Chantons, chantons en chœur ! etc...

LE VÉNÉRABLE

Gloria in excelsis Deo !

LE P. CHIROU

Au nom de Bétharram, ô Christ, je vous adore !
Vous nous consacrez tous en ce jour triomphants...

LE P. ETCHÉCOPAR

Depuis plus de vingt ans, j'attendais cette aurore.
Merci, mon Dieu, merci pour moi, pour mes enfants !

CHŒUR DES SAINTS

Chantons, chantons en chœur, etc...

LE VÉNÉRABLE

Gloria in excelsis Deo !

L'ÉGLISE DE BAYONNE

N'ai-je pas le droit d'être fière,
Moi qui, sous la Terreur, au berceau fus sa Mère,
Et le guidai plus tard jusqu'à l'autel ?
Comme il aima d'une tendresse exquise
De Saint Léon l'antique Eglise,
Ce fils aimé, mon Archange immortel !

CHŒUR DES SAINTS

Chantons, chantons en chœur ! etc...

LE VÉNÉRABLE

Gloria in excelsis Deo !

VOIX DE LA TERRE

Et nous, qui restons sur la terre,
Unissons nos concerts joyeux,
Avec l'encens de la prière,
A ceux de tous nos bienheureux.
Du Christ le Fondateur fut un vivant ciboire.
Comme lui portons avec gloire
L'Hôte divin qu'il aima tant ;
Et si nous lui sommes fidèles,
Il ouvrira ses portes éternelles
Au cœur *constant.*

CHŒUR DES SAINTS ET DE LA TERRE
(Deux parties exécutées par toute la communauté)

Chantons, chantons en chœur !
Dans ses héros le Christ est admirable.
Rome a parlé : Gloire au vainqueur !
Gloire à Michel le Vénérable !

Finale

Chœur de huit ou dix ténors avec accompagnement de voix murmurantes :

Gloria in excelsis Deo !

Chanson des Bergers sur la Montagne

OH ! QUE JE T'AIME !...

And.te espressivo

Oh ! que je t'aime ! O Jé - sus mon a - mour !

Quand vien-dras - tu vi-si - ter ma pauvre âme ? Quand viendras-

tu me brû-ler de ta flamme ? Heureux l'enfant pour qui

piu mosso — lento

luit ce beau jour ! Oh ! que je t'aime, Oh ! que je t'aime ! O Jé-

fin — Andante

sus, mon a - mour, mon a - mour, mon a - mour ! Et toi,

Vierge Mari .... e, Que chaque soir j'im - plore en ce beau mois,

supplicando — cresc.

Exauce en - fin mes vœux, O Mère, je t'en prie, Car vivre sans Jé-

sus ! c'est mourir mil - le - fois ! Oh ! que je t'aime etc....

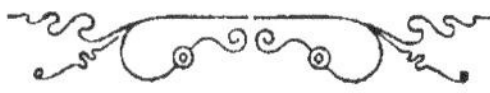

111

OH ! QUE J'ASPIRE !...

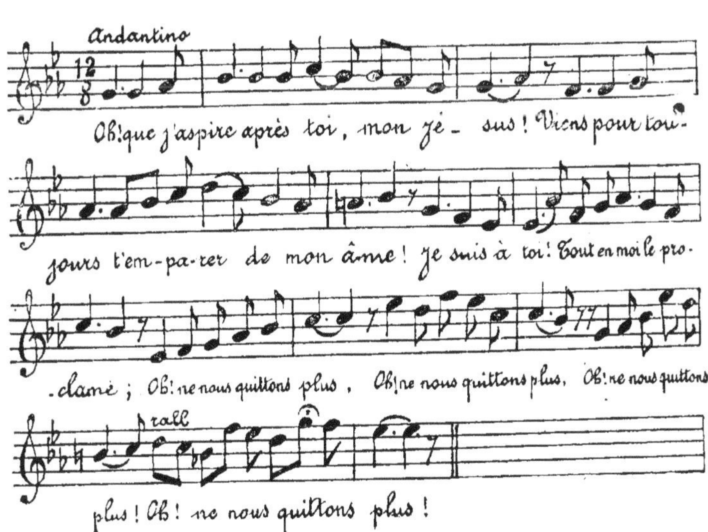

ME VOICI !...

Allegretto
Me voi-ci, Cœur di-vin ! qu'à jamais je te serve ! Me voici ! ce se-ra, tu le sais, sans retour ! Me voici sans retard, Me voi-ci sans ré-serve, Me voici par a-
mour, par a-mour, par a-mour ! Oui par ton seul a-mour
rall.
Oui par ton seul a-mour, Oui, par a-mour, oui, par a-mour, Oui par ton
Andante
seul a-mour ! Je crois en Toi, c'est mon plus beau par-
ta ge ! J'espère en Toi, j'espère en ta bon-te ! Rè-gne sur
cres.
moi, mon Jésus, d'âge en âge, Dans le temps, et l'é-terni
p
f
té ; Rè-gne sur moi, mon Jé sus, d'âge en âge Dans le
rall.
temps et l'éter-ni-té ! Me voi-ci etc.. ...

V LES VŒUX DU NOUVEAU PRÊTRE

VI Les Adieux du Vénérable et du P. Guimon

APPENDICE

Triduum Solennel

EN L'HONNEUR DU

VÉNÉRABLE MICHEL GARICOÏTS

7, 8 et 9 Juillet 1899

Bétharram, le 9 juillet 1899.

C'est le jeudi 6 juillet au soir. Le soleil illumine de ses rayons de pourpre la riche plaine béarnaise qui s'étend de Pau jusqu'aux gorges de Lourdes. A Bétharram, au murmure du Gave, au gazouillis des oiseaux, aux cris des enfants, s'est mêlé soudainement le gai carillon des cloches du sanctuaire annonçant la joyeuse fête qui se prépare. C'est jour de joie et de fête pour Bétharram, pour le Diocèse, pour la France et l'Eglise entière; car Rome, par la bouche de Léon XIII, a proclamé, en un décret solennel, l'introduction de la Cause de Béatification et de Canonisation du Vénérable Serviteur de Dieu, *Michel Garicoïts*, fondateur et premier supérieur des Prêtres du Sacré-Cœur de Bétharram.

Chantez, cloches, chantez la joie commune du Béarn, du Pays Basque, de la Bigorre, du Gers et des Landes! Que vos échos se répandent des Pyrénées à l'Océan; qu'ils voguent même à travers les mers, de la Palestine jusqu'aux rives de la Plata, pour redire à tous les fils de Bétharram la gloire qui rejaillit sur eux des éclatants mérites et des solides vertus de leur Vénérable Fondateur!

***

Le vendredi, 7 juillet, à 10 heures, s'ouvre la série des cérémonies. Le R. P. Tapie, prieur du

10

couvent de Biarritz, en présence d'une soixantaine de prêtres et d'une nombreuse assemblée de fidèles, chante la Grand'Messe selon le rite dominicain. Dès ce moment, les étrangers pénètrent dans la maison et sont admis à visiter la très modeste cellule où vécut et mourut le Vénérable.

Dans l'après midi, à 3 heures, sur la demande d'un grand nombre de prêtres rappelés dans leur paroisse en ce premier Vendredi du mois, le T. R. P. Bourdenne, supérieur général, donne un salut du T. S. Sacrement.

En ce moment arrivait Mgr Jauffret, évêque de Bayonne, heureux de terminer sa tournée pastorale par ce triduum d'actions de grâces. La communauté des élèves se réunit aussitôt autour de Sa Grandeur et assiste à une intéressante séance littéraire et musicale. Nous voudrions tout citer, et le jeune orateur de 12 ans, qui a salué Monseigneur, et l'interprétation vibrante des strophes composées sur la devise du fondateur : *En avant!* Mentionnons du moins tout spécialement les *Variations en ré mineur* de Mozart, l'*Andante* de la IIIe symphonie de Haydn et la *Marche militaire* de Schubert, magistralement enlevées par l'archet de M. Massuelle, professeur de musique au petit séminaire de St-Pé (Htes-Pyrénées). Enfin un mot des fraîches et gracieuses compositions du R. P. Abbadie, Supérieur du Collège, dont la lyre a su trouver des inspirations nouvelles pour chanter le Vénérable Père qui l'avait accueilli lui-même à l'âge de 14 ans. C'étaient *« Les Adieux du P. Garicoits et du P. Guimon »*, mélodie d'une teinte de mélancolie délicieuse où se mêlent néanmoins des accords vibrants et sonores, expression du courage de l'apôtre, joyeux d'offrir à Dieu son généreux sacrifice.

La deuxième composition, plus vigoureuse, est la devise du fondateur mise en grand chœur :

Me voici ! Cœur divin, qu'à jamais je te serve,
Me voici ! ce sera, tu le sais, sans retour,
Me voici, sans retard ; me voici sans réserve,
Me voici, par amour !

Le tout bien exécuté et par les solistes et par la Chorale du Collège.

Après la séance, Sa Grandeur a donné le Salut du Très Saint Sacrement.

Le Samedi avait lieu la confirmation des élèves ; cette journée, la foule fut plus compacte que la veille, et la chapelle fut insuffisante pour contenir le flot des pèlerins.

« Le Vénérable Michel Garicoïts, disait Monseigneur, fut un « homme de foi, de charité et de zèle ; et il ne fut tel « que parce qu'il se montra toujours l'instrument docile de l'Esprit-Saint, le formateur des hautes intelligences et des nobles cœurs, et l'inspirateur des plus grands dévouements. Assidus à l'école de ce Maître, enfants, vous serez de grands chrétiens, plus que cela, des héros et des « Saints. »

Le soir, bénédiction des nouvelles orgues (1). Après le *Salve Regina* et une chaleureuse allocution de Sa Grandeur, on procède aux cérémonies liturgiques de la Bénédiction. Près de 120 prêtres étaient présents.

(1) Voir à la fin de cet Appendice le programme de l'inauguration de l'Orgue.

L'organiste de la cathédrale de Bayonne et celui de la Basilique de Lourdes ont dès lors mis en œuvre les ressources très variées de l'instrument, sorti des ateliers de M. Maille, successeur de M. Wenner, à Bordeaux. M. Gaeng et M. Antzenberger, c'est l'Ecole allemande dans sa grande pureté et son cadre sévère, tantôt ample, sonore et puissant sous le doigter de fer de l'organiste de Bayonne, tantôt souple, moelleux, rêveur et toujours très riche d'harmonie entre les mains de M. Antzenberger. Chaque assistant aura remarqué son intéressant prélude sur les sept notes de l'antienne à la Vierge, *Ave Maria*, gracieux et amical salut de la Vierge de Lourdes à son aînée de Bétharram.

Puis c'est M. de Lescazes, de Pau, qui, avec la distinction savante, le profond sentiment religieux qui lui sont coutumiers, salue à son tour le *Dies natalis* du R. P. Garicoïts dans la gloire des Vénérables serviteurs de Dieu, par des variations très réussies sur des Noëls populaires.

Enfin, M. Léandre Czerniewski, l'éminent organiste dont les habitués de St-Martin de Pau apprécient tant la délicate et fantaisiste maëstria, redit, en une *Cantate* variée et bien conduite, tour à tour mélodieuse, suppliante et forte, sa reconnaissance affectueuse pour le musicien célèbre qui fut son maître, Paul Charreire, de Limoges.

Que dire de l'instrument lui-même? Les nouvelles orgues de Bétharram, grâce au système pneumatique tubulaire de M. Maille, parlent avec une rapidité à laquelle le système à vergettes ne nous avait pas habitués. Douceur bien calculée du clavier, trois boutons de combinaisons, placés au-dessous du grand orgue, donnent à l'organiste une merveilleuse facilité pour l'introduction des jeux. Ajoutons à cela une parfaite distinction de chaque timbre, la netteté et la pureté des sons, résultat du travail d'un harmoniste sérieux et très entendu, et nous aurons dit, avec tous les organistes présents à cette solennité, que l'œuvre de M. Maille est de facture excellente, offrant d'immenses ressources, grâce à l'application du système tubulaire. Honneur aux artistes, honneur et félicitations à M. Maille et à ses aides !

Félicitations aussi, aux RR. PP. Canton, Dufau, Mondot, ainsi qu'à M. l'abbé Costemale, pour l'interprétation délicate et expressive, parfois aussi pleine d'ampleur et de sonorité, de leurs morceaux de chant.

⁂

Voici Dimanche, jour de la clôture du Triduum. Le temps est splendide, sans nuage : à peine une légère brise agite les oriflammes aux couleurs de la Vierge et du Pape, et les drapeaux tricolores où brille l'image du Sacré-Cœur. Pénétrons dans la chapelle. Les messes s'y succèdent sans interruption. Notre-Dame de Bétharram sourit de son trône à la messe des pèlerins que les trains de Tarbes et de Pau ont déposés à ses pieds. Le Sanctuaire est orné avec le meilleur goût. De riches tentures, où les fines dentelles se mélangent gracieusement aux tissus et aux franges d'or, se déploient et festonnent de toutes parts sous les arcades en plein cintre, autour des piliers, et jusqu'au Sanctuaire étincelant de lumière.

Mais la Messe solennelle commence. Jamais Bétharram n'avait vu assistance plus nombreuse et plus distinguée. Autour du trône épiscopal ont pris place avec M. l'abbé Casseignau, vicaire général, la majeure partie des dignitaires du diocèse, chanoines, archiprêtres et doyens, ainsi que les supérieurs des Ordres Religieux établis dans le diocèse, Jésuites, Bénédictins, Frères des Ecoles chrétiennes, etc. etc., On y voyait aussi les supérieurs des diverses Résidences des Prêtres de Bétharram. Des membres même de la famille Garicoïts assistaient à cette fête dans la personne de M. et Mme Harismendy et de leur fils, M. Albert. Mme Harismendy est la nièce du Vénérable Fondateur.

Derrière eux, c'était la Communauté des élèves et la foule des pieux assistants. Sur le seuil de l'Eglise, le chapelet à la main, des familles entières stationnent debout, s'unissant religieusement aux cérémonies de la Messe Pontificale qui se déroule avec sa pompe accoutumée. En même temps, le chœur des musiciens exécute avec art une messe de large et sobre facture ; durant la messe aussi, M. Léandre Czerniewski se montre, à plusieurs reprises, artiste d'une habileté merveilleuse pour détailler les jeux de l'Orgue avec leur caractère propre et le genre de musique qui leur convient. A l'Offertoire, accompagné par le R. P. Abbadie, il chante sur le violon un *Adagio* de Mozart.

Le soir, à Vêpres, la foule s'est encore accrue, et, faute de place, il est absolument impossible de satisfaire un très grand nombre de ceux qui auraient désiré assister à la cérémonie.

Après le *Salve Regina*, Sa Grandeur monte en chaire et prononce un éloquent sermon, dont nous retraçons les grandes lignes :

Ego sum resurrectio et vita : Je suis la résurrection et la vie.

Aux premiers jours de la création est venue la vie : au dernier jour du monde viendra la résurrection éternelle. Au milieu de ces deux points extrêmes, c'est la vie qui commence ou qui cesse. Au Paradis terrestre, Dieu, dans sa main puissante, prend le limon et en façonne le corps de l'homme et lui souffle une âme vivante. Dans l'Eden du Sanctuaire, il y a aussi un corps organique de merveilleuse composition. Je vous présentai hier les artistes qui devaient donner une âme à ce corps et cette âme vit encore entre les mains de M. Léandre Czerniewski, toujours fécond en harmonies puissantes et expressives. Mais aujourd'hui, je veux vous présenter M. Maille, ce facteur d'orgues émérite, capable de façonner des matériaux vulgaires et de les faire parler et chanter, en leur donnant cette vie et cette résurrection qui nous pénètrent, nous émeuvent et nous charment.

Mais il est des hommes dont la résurrection commence à la tombe. Le Christ a jeté sur la poussière de leur corps le *Veni foras* de l'Evangile, et ces dépouilles mortelles reprennent leur vie. Aujourd'hui nous assistons à semblable fête. Au milieu de ce grand concours ne se croirait-on pas au lendemain du 14 mai 1863? Ce jour-là une foule immense se pressait comme aujourd'hui dans la cellule du Père vénéré, on baisait ses mains et ses pieds, on appliquait à ses vêtements des croix, des chapelets et des médailles, on priait et des larmes coulaient de tous les yeux. Aujourd'hui, c'est le même concours. Un évêque présidait les funérailles; un évêque est au milieu de vous. Les notabilités diocésaines, le clergé et les fidèles sont venus aujourd'hui comme au lendemain de l'Ascension de 1863. Mais il y a une profonde différence. Il y a trente-six ans, un seul cri s'échappait de toutes les poitrines : « Le Père Garicoïts est mort! Le vénéré Père n'est plus ! » et à cette douleur immense on ne pouvait opposer que la consolation des espérances immortelles, qui, elles, ne meurent jamais. Aujourd'hui, ce cri ne retentira pas moins. Non, le Père n'est pas mort, il ressuscite, il vit dans la gloire et la splendeur des cieux. Donc, plus de larmes, plus de désolation, mais la joie intense et la reconnaissance envers Dieu et sa divine Mère, N.-D. de Bétharram.

Que s'est-il donc produit ? Un fait. C'est le décret de sa Sainteté Léon XIII, introduisant la cause de Canonisation et de Béatification du Vénérable Serviteur de Dieu, Michel Garicoïts.

C'est un fait important et il mérite notre attention. C'est un fait glorieux, donnons-lui nos louanges. C'est un fait miséricordieux et il nous impose la reconnaissance à l'endroit de Dieu.

C'est un *fait important* dans sa préparation. Mgr Lacroix, avec cette profonde intelligence qui sondait l'avenir, laissa de la vie du Fondateur le plus magnifique éloge que nous connaissions : il avait l'intuition de ce qui devait arriver.

Mgr Ducellier, dans son Mandement de 1886, après avoir étudié la vie du Vénérable et en avoir pénétré l'esprit intime dans le développement de ses œuvres, fut vivement impressionné par le rayonnement de cette vie effacée et dévouée et par les éclatantes vertus de ses fils. Il commença le procès de l'ordinaire.

Mgr Fleury-Hottot, dont la bonté est encore dans toutes les mémoires, continua le procès.

Nous avons eu l'honneur de l'achever en y ajoutant celui de *non cultu,* et il fut porté à Rome en 1893. Et ce procès a été conduit avec autant de sagesse que d'intelligence ; car, après cinq années d'études, la Sacrée Congrégation des Rites a pu prononcer le *nil obstat,* ratifié par le Pape, et déclarer ainsi que l'on pouvait procéder sûrement à l'Introduction de la cause du Vénérable.

C'est, aussi, un fait important dans ses résultats, car il nous permet de nourrir en nos cœurs un sentiment de légitime confiance dans le crédit du Vénérable Michel. Ah ! prenons-y garde ; sans nul doute, nous ne pouvons pas invoquer en public notre vénéré Père, en mêlant son nom aux cérémonies liturgiques, mais, dans l'intimité de nos cœurs, donnons libre carrière à nos instances réitérées. Et, déjà, une centaine de faits merveilleux attestent son grand pouvoir auprès de Dieu pour les âmes et pour les corps. Aussi, nous est-il permis de lever les yeux au ciel, pour entrevoir notre Vénérable comme dans un nimbe dont son front s'auréole, et qui, un jour, je l'espère, le couronnera.

Fait important, le décret de Vénérabilité est aussi un *fait glorieux*, glorieux pour le Père et pour les fils. La vie du Fondateur est une vie de foi et de sagesse ; pas un écart de l'intelligence, pas un blâme pour sa conduite ; vie de pureté et d'innocence baptismale, qu'il a toujours préservée de toute atteinte ; vie d'effacement, il a voulu être ignoré et Dieu l'a glorifié : le nom du pâtre d'Ibarre est écrit sur les portes des sept basiliques romaines ; vie de simplicité et de crainte de Dieu, que rehaussait aussi le zèle le plus ardent ; vie d'obéissance surtout, ressort moral de toutes ses autres vertus.

Et, dans ce que je viens de dire, je n'ai été que l'écho de la voix de l'éloquent Mgr Lacroix, qui fut son Evêque et son ami. Aussi ne saurais-je mieux faire que de lui emprunter ses propres paroles pour remercier les dignes fils du Père Garicoïts : « Oh ! que je l'apprécie, que je « l'aime, ma chère Congrégation de Bétharram, qui va « porter et secouer partout le flambeau de l'Evangile, « qui déploie tant de zèle pour la sanctification des âmes, « ramène tant de pécheurs au bercail, consolide tant de « vertus, éternise tant de conversions ! » Il ajoutait : « Je « voudrais pouvoir vous le rendre. » Et moi je puis vous dire : « Mes fils, séchez vos larmes ; je vous rends votre Père, grandi, plus beau, presque avec la gloire des Saints ».

Mgr Lacroix disait encore : « Je voudrais payer la dette de reconnaissance que je vous dois. » Et moi, je vous dis : « Mes bien aimés Pères, tout ce que vous avez fait pour le Diocèse, c'est à moi-même que vous l'avez fait ; mais je crois m'acquitter envers vous et éteindre entièrement ma dette, grâce à la munificence du ciel. »

Il disait enfin : « Mes amis, imitez ce prêtre vénéré, car il est votre modèle. » Et moi, je vous dirai que vous avez vaillamment suivi le sillon qu'il ouvrit pour vous. Honneur au Vénérable ! Honneur à vous, ses dignes enfants !

Le fait dont nous parlons est en dernier lieu un *fait miséricordieux*. C'est une précieuse faveur pour Bétharram et pour notre diocèse, que Dieu ait voulu choisir parmi nous cette matière première destinée à lui procurer tant de gloire. De son côté, le berger d'Ibarre n'y a pas mis d'obstacle, il s'est humblement adapté au merveilleux travail du sculpteur divin et éternel.

Mais, remarquez-le bien, à l'encontre de ce que nous voyons dans les autres saints qui semblent disparaitre sous la touche divine, ici, c'est le divin qui se cache sous la nature humaine. Qu'est-ce donc qui fait la grandeur de notre Vénérable ? C'est la constance dans la régularité d'une vie commune et parfaite. Miracle de la miséricorde de Dieu ! La Providence a voulu mettre un saint à la portée de tout âge et de toute condition. Enfant, Michel est respectueux ; domestique, il se montre dévoué et obéissant ; séminariste, modèle de persévérance dans le travail et la prière ; en paroisse, toujours appliqué au grave ministère qui le réclame ; directeur des âmes, il possède l'art de conduire les consciences ; fondateur enfin, il sait toujours allier une initiative admirable avec une sagesse parfaite.

Encore une fois chantons la miséricorde divine, car, seul, le Seigneur est l'auteur et le distributeur de toute grâce et de tout don parfait. Chantons aussi la Reine de Bétharram, qui fit grandir Michel sous ses yeux maternels.

Il semble que la meilleure manière de louer un homme que l'on aime, c'est de l'imiter. Cette louange a été rendue à la mémoire du Vénérable par le très regretté Père Etchécopar, que tous nous avons connu et aimé. Il professait un culte pour Michel Garicoïts, et Dieu s'est plu à reproduire en lui-même et la foi et la charité du Fondateur, et sa bonté délicate, et sa facile éloquence, et l'onction de son âme. Pour moi, j'espère qu'un jour la sainte Eglise donnera à la vie de ce saint prêtre la même sanction.

Mes frères, ils sont nos modèles.

A ce moment, les dernières harmonies se font entendre. Le R. P. Dufau, d'une voix chaude et sympathique, dit un pieux *O Salutaris*, de Lefébure-Wély, avec accompagnement de violon. Puis, c'est le *Te Deum* solennel de l'Action de Grâces. Enfin, le chœur final qui couronne dignement ces grandes fêtes et laisse dans tous les cœurs la meilleure impression. *Quel agneau divin!* chœur extrait de l'Oratorio, *le Messie*, de Haëndel, Exécution parfaite, malgré les nombreuses difficultés dont le morceau est hérissé: c'est l'éloge du R. P. Mondot, professeur de musique, et de tous les exécutants.

Depuis les Vêpres, la chapelle n'a pas cessé d'être visitée par les pieux pélerins.

A huit heures, illuminations. La façade du sanctuaire, la chapelle St-Louis, s'embrasent de mille feux. Puis, c'est le Collège et ses dépendances, enfin la résidence des Missionnaires et la Maison-Mère.

Les élèves divisés par sections prennent également part à la fête de nuit. Des globes artistement réunis forment des lustres féériques ; des cordons de lumière courent sur les façades en orbes charmants. Ce ne sont partout que des croix, couronnes, cœurs, étoiles aux mille couleurs. Un détail cependant : A la chambre qu'occupa le Vénérable et à la chambre des conférences où il donnait ses cours de théologie, apparaissent deux beaux tableaux de main d'artiste représentant l'image aimée de Michel Garicoïts.

Enfin, le Gave lui-même prend feu au contact du potassium et illumine durant quelques instants tous les alentours.

A l'heure où s'achèvent ces lignes, tout est dans le silence, et cependant l'illumination brille encore. Dans quelques heures, tout sera consumé ; néanmoins le souvenir de ce triduum demeurera gravé dans l'âme de tous ceux qui comme nous en furent les heureux témoins.

UN ASSISTANT.

INAUGURATION
SOLENNELLE

DU

Grand Orgue du Sanctuaire

SORTI DES ATELIERS

DE LA MAISON G. WENNER, DE BORDEAUX
GASTON MAILLE, SUCCESSEUR

AVEC LE BIENVEILLANT CONCOURS DE

M. GAENG, *Organiste de la Cathédrale de Bayonne.*
M. ANTZENBERGER, *Organiste de la Basilique de Lourdes.*
M. LÉANDRE CZERNIEWSKI, *Organiste de St-Martin, de Pau.*
M. DE LESCAZES, *Organiste de Saint-Jacques, de Pau.*

SOUS LA PRÉSIDENCE DE

S. G. Mgr Jauffret

ÉVÊQUE DE BAYONNE

Le Samedi 8 Juillet 1899, à 2 h.

Composition de l'Orgue

L'Orgue se compose de 18 jeux (dont deux par transmission, à la pédale) distribués sur deux claviers et un pédalier sur console renversée, dix pédales et quatre boutons de combinaison.

Le mécanisme à transmissions pneumatiques tubulaires réunit les avantages suivants :

1° Suppression des transmissions par vergettes, équerres et leviers, si sujettes à des accidents.

2° Douceur bien calculée des claviers, quels que soient leur nombre et le nombre des jeux.

3° Emission immédiate des sons.

4° Grande facilité de combinaison des jeux pour l'organiste.

1er CLAVIER — Récit

d'Ut à Sol (56 notes)

1. Flûte harmonique de 8.
2. Violoncelle de 8.
3. Voix céleste de 8.
4. Cor de nuit de 8.
5. Flûte octaviante de 4.
6. Trompette de 8.
7. Basson-Hautbois de 8.
8. Clairon de 4.

2e CLAVIER — Grand Orgue

d'Ut à Sol (56 notes)

1. Bourdon de 16.
2. Montre de 8.
3. Kératophone de 8.
4. Salicional de 8.
5. Bourdon de 8.
6. Prestant de 8.
7. Octavin harmonique de 2.
8. Plein-jeu de 2 1/2 (2 à 5 r.)

CLAVIER DE PÉDALE

d'Ut à Ré (27 notes)

CONTREBASSE DE 16 — SOUBASSE DE 8

PÉDALES DE COMBINAISON

1. Tonnerre.
2. Tirasse Grand Orgue.
3. Tirasse Récit.
4. Réunion du Récit au Grand Orgue.
5. Octave grave Grand Orgue.
6. Octave aiguë.
7. Introduction des Mutations.
8. Introduction des anches au Récit.
9. Trémolo.
10. Expression.

Programme de la Cérémonie d'Inauguration

LE SAMEDI 8 JUILLET, A 2 HEURES

1. *Salve Regina*.................... PAPELL.
   Chanté par la Chorale du Collège.
2. Discours de Monseigneur et Bénédiction de l'Orgue.
3. *Fantaisie-Improvisation*........ L. GAENG.
   Exécutée par l'Auteur.
4. *Je vous salue, Marie*............ BRUN.
   Chanté par le R. P. Mondot.
5. *Prélude, Improvisation et Larghetto* (transcription)......... TARTINI.
   Exécutés par M. J. Antzenberger.
6. *Le Crucifix* (Chœur à 4 voix).... GOUNOD.
   Chanté par la Chorale du Collège de Bétharram.
7. A la mémoire de PAUL CHARREIRE, Organiste de la Cathédrale de Limoges, *Cantate* de sa composition, transcrite sur l'Orgue par son élève affectionné...... L. CZERNIEWSKI.
   Exécutée par l'Auteur.
8. *D'un Cœur qui t'aime* (duo)..... GOUNOD.
   Chanté par le R. P. Canton et M. l'Abbé Costemale
9. *Noël!* (fantaisie religieuse)...... EM. DE LESCAZES.
   Exécutée par l'Auteur.
10. *Océans et Rivières* (grand chœur) PAUL CHARREIRE
    Exécuté par la Chorale du Collège.
11. *Magnificat*.....................
    Chanté par les Elèves, avec versets alternant improvisés par M. Czerniewski.
12. *Ave Maria*....................... SCHUBERT.
    Chanté par le R. P. Canton.
13. { *Improvisation*................ X
    { *Intermezzo*.................... E. F. CHIPP.
    Exécutés par M. J. Antzenberger.
14. *O Salutaris*.................... L. CZERNIEWSKI.
    Chanté par le R. P. Dufau et accompagné par l'Auteur.
15. *Tantum ergo* (Chœur à 4 voix)... NIEDERMEYER.
    Chanté par la Chorale du Collège.
16. *Laudate*.......................
    Chanté par les Elèves.
17. *Sortie Finale*.................. L. GAENG.
    Exécutée par l'Auteur.

TABLE DES MATIÈRES

PREMIÈRE PARTIE

Bétharram à la naissance de Michel Garicoïts

SECONDE PARTIE

Le Vénérable Michel Garicoïts

MÉLODIES

Imprimerie Catholique, 11, r. Préfecture, Pau. — G. Lescher-Moutoué, imp

www.ingramcontent.com/pod-product-compliance
Ingram Content Group UK Ltd.
Pitfield, Milton Keynes, MK11 3LW, UK
UKHW022110260726
13993UKWH00001B/417

9 782329 450827